UTB **3234**

W0084893

Eine Arbeitsgemeinschaft der Verlage

Böhlau Verlag · Köln · Weimar · Wien
Verlag Barbara Budrich · Opladen · Farmington Hills
facultas.wuv · Wien
Wilhelm Fink · München
A. Francke Verlag · Tübingen und Basel
Haupt Verlag · Bern · Stuttgart · Wien
Julius Klinkhardt Verlagsbuchhandlung · Bad Heilbrunn
Lucius & Lucius Verlagsgesellschaft · Stuttgart
Mohr Siebeck · Tübingen
Orell Füssli Verlag · Zürich
Ernst Reinhardt Verlag · München · Basel
Ferdinand Schöningh · Paderborn · München · Wien · Zürich
Eugen Ulmer Verlag · Stuttgart
UVK Verlagsgesellschaft · Konstanz
Vandenhoeck & Ruprecht · Göttingen
vdf Hochschulverlag AG an der ETH Zürich

„Grundbegriffe der europäischen Geistesgeschichte"
herausgegeben von Konrad Paul Liessmann

Christian Stadler

Krieg

facultas.wuv

Christian Stadler, ao. Univ.-Prof., Mag. Dr. phil. sap., Mag. Dr. iur.,
lehrt am Institut für Rechtsphilosophie, Religions- und Kulturrecht der
Rechtswissenschaftlichen Fakultät der Universität Wien

Ich danke den Teilnehmern des 18. Generalstabslehrgangs des Öster-
reichischen Bundesheeres für sehr intensive, akademische Gespräche, die
mir vertiefende Einblicke ermöglicht haben in eine hochprofessionelle
militärwissenschaftliche Sichtweise des Phänomens „Krieg" im Kontext
zeitgemäßer Einsätze. C. S.

Bibliografische Information Der Deutschen Nationalbibliothek
Die Deutsche Nationalbibliothek verzeichnet diese Publikation
in der Deutschen Nationalbibliografie;
detaillierte bibliografische Daten sind im Internet über
http://d-nb.de abrufbar.

1. Auflage 2009

© 2009 Facultas Verlags- und Buchhandels AG
facultas.wuv, Berggasse 5, 1090 Wien, Österreich
Alle Rechte vorbehalten

Reihenkonzept und Umschlagentwurf: Alexandra Brand
Umschlagumsetzung: Atelier Reichert Stuttgart
Satz: Ekke Wolf, typic.at
Druck: Druckerei Pustet, Regensburg
Printed in Germany

ISBN 978-3-8252-3234-4

Inhalt

Warum Krieg?

Krieg im Profil

Anhang

Sometime they'll give a war and nobody will come.
Carl Sandburg, 1936

Warum Krieg?

Krieg als Erscheinungsweise des Polemos

Zur Metaphysik des Polemos

Krieg ist nach wie vor allgegenwärtig, er ist ungebrochen der steinerne Gast der internationalen Politik. Die große – gleichsam ewige – Hoffnung auf einen ebensolchen Frieden scheint sich nicht und nicht erfüllen zu wollen. Wurde in einem Moment feierlicher Erregung von Fukoyama 1992 mit dem Untergang der Sowjetunion gar das „Ende der Geschichte" ausgerufen und damit der zivilisatorische Triumph des Westens unterstellt, so haben uns doch die mehr als blutigen Ereignisse seitdem wieder in den Fluss der in Wahrheit ewigen Konfliktualität zurückgeworfen. Will man an diesem Befund, der sich empirisch beliebig dicht belegen ließe, nicht verzweifeln, so muss man es wohl wagen, gegen den Strom gütiger Aufklärung zu schwimmen und die dunklen Quellen ans Licht ihres eigentlichen Begriffes zu bringen.

Es soll in diesem Band der Reihe „Profile" daher um den Versuch einer Entdeckung gehen. Es gilt, das gleichsam mit metaphysischer Unerbittlichkeit *wesenden Kriegen* in den Wurzeln des abendländischen Denkens aufzuspüren und Tiefenstrukturen der politischen Prozesse zu entfalten, die es erlauben, das historische Phänomen „Krieg" auf sein geschichtliches Noumenon hin zu denken. Das Unterfangen hat letztlich faustischen Charakter, geht es doch um nichts weniger, als jene Kraft anzusprechen, die stets das Böse will …

Es wird zentral sein, beim Durchgang der klassischen Reflexionen zum Krieg sich stets der wesentlichen Dialektik von Theorie und Praxis, von Metaphysik und Ethik, von Sein und Sollen bewusst zu bleiben: Es kann keine Praxis gedacht werden ohne Theorie, es kann keine Handlung geben ohne Erkenntnis, es kann keine Anschauung geben ohne Begriffe. Aber man muss auch zu begreifen im Stande sein, dass Erkenntnis ihrerseits immer schon Handlungsvollzug, dass Theorie ihrerseits immer schon Praxisvollzug, dass Sein seinerseits immer schon ein Sollensvollzug ist – man muss begreifen, dass Erkenntnis geleistet, dass Theorie geleistet, dass Sein geleistet werden muss, um sich überhaupt ereignen zu können. Solcherart ist jedes Gewusste immer schon in Vollziehung befindliches Wissen, ist eine Tathandlung, ein Vollzugsakt, der uns transzendental aufgegeben ist, soll Praxis, Handlung, Sollen überhaupt möglich sein.

In diesem Sinne ist auch der Krieg – in bester kantianischer Tradition – einer Kritik zu unterziehen, also nicht im Sinne einer gefühlvoll-moralischen Vorverurteilung, sondern einer Durchdringung seines Daseins auf sein Sein hin. Es bedarf der metaphysischen Schärfe, um das ethische Problem radikal in den Blick zu bekommen. Aber dieser metaphysische Blick ist seinerseits schon wieder ethischer Vollzug. Und damit ist sowohl der Umstand, dass er geworfen wird, als auch der Umstand, dass er nicht geworfen wird – dieser metaphysische Blick auf die geschichtliche Wirklichkeit hinter der historischen Fassade von Krieg –, ein der Verantwortlichkeit unterstehendes Handeln. Vor allem die seit jeher geübte moralische Erhabenheit gegenüber dem Krieg und seiner Wesen- und Wahrheit hat regelmäßig dazu beigetragen, ihn mangels genauer Kenntnis seiner selbst nicht unter Kontrolle halten zu können. Es ist geradezu symptomatisch, dass er umso weniger „gehegt" (Carl Schmitt) ist, desto unschärfer der Blick auf sein Wesen ausfällt – wenn überhaupt noch.

Zu den Momenten der Entwicklung des Polemos

Im Zusammenhang der Suche nach den Momenten des Polemos wurde jüngst von Andreas Herberg-Rothe (2003) die eigentümliche Dialektik der Limitierung des Krieges durch seine ethische Legitimierung bzw. rechtliche Legalisierung aufgeworfen. Diese Dialektik mag uns in der Tat als struktureller Auftakt der weiteren Orientierung und Ordnung des Nachdenkens über den Krieg dienen – und das nicht nur in historischer Betrachtungsweise, wie wir sogleich sehen werden.

Limitierter Krieg und politische Moralität: Der Anfang (*arché*) des abendländischen Denkens wie Kriegens liegt bekanntlich in der Antike. Geistesgeschichtlicher Auftakt der europäischen Antike ist der Fall Trojas, ihr Ende wird markiert durch den Fall der trojanischen Letztgründung Roms. Unbezweifelbare Höhepunkte antiken normativen Denkens finden sich bei Platon (Ethik), bei Cicero (Recht) und bei Augustinus (Glauben). Ihre Reflexion über den Krieg ist geprägt vom Geist unvermittelter Moralität in Form der Frage nach der kosmologisch zu fassenden Harmonie, die sich über die Denkfigur der abstrakten externen „Gerechtigkeit" anthropologisch vermittelt. Diese noch unmittelbar politische Normativität der Antike wird im ersten Abschnitt im Lichte einer eminent politischen Moralität zu betrachten sein, deren Überwindung sich erst in der Dialektik der augustinischen Zweistaatenlehre andeutet.

Legaler Krieg und rationale Rechtlichkeit: Nach der Antike und ihrem westeuropäischen Mittelalter – in Osteuropa ging die Antike erst um 1500 unter – brach mit dem neuartigen entfremdenden Denken des Niccolò Machiavelli das „rationalistische Zeitalter" an. Man war daraufhin bestrebt, den Krieg im Wesentlichen nur mehr als instrumentelle Form zwischenstaatlicher Auseinandersetzung zu begreifen; v. a. die spanische Schule von Salamanca sah in neuzeitlicher Weiterentwicklung klassischer Ansätze in einem solchen wertfreien Kriegsverständnis die Grundlage für das moderne internationale Recht, denn als Grundlage der Legalisierung wurden *causa iusta, auctoritas* und *forma iuris* angesehen. Der gerechte Grund (*ius ad bellum*), die staatliche Autorität (*ius belli*) sowie die rechtliche Durchführung (*ius in bello*) wurden nunmehr legalistisch aufgefasst. Der Krieg wandelte sich solcherart zu einem typischen Rechtsakt; materiellrechtlich relevanter Gegenstand, zuständiges Organ und rechtlicher Ablauf waren genau zu beachten im Zeichen der nach dem Untergang der normativen Einheitswelt des Mittelalters zu bewirkenden Legalisierung – und damit neuerlichen Limitierung – von Krieg. Mit diesem Gedanken im Angesicht des entfremdenden Umbruchs vom Mittelalter zur Neuzeit ist Hugo Grotius eine zentrale Gestalt der Verrechtlichung von Moralität im Zeichen der legalistischen Hegung von Krieg. Auf andere Weise war der moralischen Hemmungslosigkeit der unheiligen Religionskriege nicht mehr Herr zu werden. Einen Paradigmenwechsel im abendländischen Denken markiert sodann Baruch de Spinoza mit seiner Einsicht in die pantheistische und damit gleichermaßen universale wie erbarmungslose Vernunftherrschaft, die deduktiv begründet, was Hobbes vor dem Hintergrund der Lehren des Machiavelli und im Angesicht des englischen Bürgerkriegs induktiv unterstellt: die normative Letztbegründungsfunktion von staatlichem Überleben als zentralem Vernunftgebot. Als letzter Autor soll Immanuel Kant mit seiner kritischen, im Zeichen apriorischer Autonomieinstitutionalisierung stehenden Begründung der Position von Grotius zu Wort kommen.

Legitimer Krieg und kulturelle Sittlichkeit: Nachdem sich die bloß geometrische Rechtlichkeit barocker Staatlichkeit auf vielfältige Weise in ihrer hegenden Biedermeierlichkeit erschöpft hatte und von der Französischen Revolution von der Bildfläche der internationalen Politik hinweggefegt worden war, stand das 19. Jahrhundert vor den Entfremdungsscherben der rationalistischen Vernunftaufklärung. Als rettende Reaktion wurde die dialektische Vernunftromantik entwickelt, eine synthetische Rückbesinnung auf die Inhalte des Mittelalters, die in antik-zyklischer Weise umgesetzt werden sollten: über den versittlichenden Krieg zur Kulturpolis. Letztlich ist es das Programm Homers, das sich im Denken Clausewitz', Fichtes und Nietzsches verwirklicht: Der Kantianer Clausewitz geht den Schritt über das rein abstrakt vertragsrechtliche Verständnis des Krieges hinaus und führt den Krieg als Kern des Politischen (wieder) ein. Fichte überwindet sodann die rein machiavellistisch verstandene Politikkonzeption von Clausewitz hin in Richtung transzendentaler Pflicht zum Kampf um die sittliche Freiheit. Erst Nietzsche vermag diese Pflicht als nicht erlösungslinear verwirklichbar und den Krieg selbst als kulturelle Existenzialtherapie zu denken – individuell-moralisch als auch gesellschaftlich-ethisch: Am Ende steht der Untergang der kalten Rationalität geschäftiger Berechenbarkeit und der Durchbruch zum wahrhaften Leben im Zeichen der sittlichen Pflicht zur metarationalen Selbstvollendung, zum „Übermenschen", wie Nietzsche ihn als Kriterion – und somit „kritisch" – verstand.

Wie Krieg wurde, was er immer schon war

Unser dialektischer Marsch durch die abendländische Gedankenwelt zum Krieg wird umrahmt von zwei *metaphysischen* Denkern, Heraklit von Ephesos und Martin Heidegger, und der beiden Denkern gemeinsamen Einsicht in die gleichsam ontologische Natur des Krieges. Krieg, angesprochen als spannungsreicher Polemos, als dynamischer Vater aller Dinge, wird als konfliktische Energiequelle soziokultureller Seinsweise abendländischer Kulturalität entborgen. Es soll damit angedeutet werden, dass mit dem Polemos nicht nur anthropologische Kulturalität, sondern zugleich auch ontologische Existenzialität angesprochen wird – was den Polemos gleichzeitig unwiderstehlich und unverzeihlich macht, da er sich als wahrhaft höhere Gewalt erweist: als das eigentliche Apriori des Seins und die immerwährende existenzielle

Aufgabe menschlicher Kulturalität überhaupt, um den latent allgegenwärtigen Krieg zu hegen.

Damit sind nunmehr die drei Momente vor dem Hintergrund jener ontologischen Dynamik angesprochen, die das menschlich-gesellschaftliche Handeln wesentlich prägt: die abstrakte Moralität und ihre individualisierende Setzungsdimension, das entfremdete Recht und seine gesellschaftliche Ordnungsdimension sowie die dialektische Sittlichkeit und ihre gemeinschaftliche Lebensdimension. Diese drei Momente werden in der aktuellen politischen Debatte regelmäßig nicht nur nicht sauber getrennt, sondern genauso – bewusst oder unbewusst – regelmäßig miteinander vermischt bzw. kombiniert, sodass häufig auf rechtliche Fragen sittliche Antworten mit moralischem Absolutheitsanspruch gegeben werden. Für die Klärung der Argumentation ist es allerdings ausschlaggebend, dass man diese Momente differenziert. Das soll nicht bedeuten, dass diese drei Momente miteinander nicht zusammenhängen würden. Man muss sich immer der unmittelbaren (an sich seienden) Einheit bewusst sein, wenn man es unternimmt, die Momente aufzuzeigen und zu entfalten: Jeder Analyse liegt notwendig immer schon eine Synthese zugrunde, derer man sich stets bewusst sein muss, will man seinen Gegenstand nicht verfehlen bzw. unangemessen beschreiben. Wie sonst könnte der „Krieg" in solch mannigfaltiger Weise erscheinen und dennoch immer „Krieg" bleiben?

Es muss diesen vielen Momenten das Eine des Krieges offensichtlich zugrunde liegen und gemeinsam sein – die Idee des Krieges. Dieses verbindende Eine der vielfältigen Erscheinungsweisen des „Krieges" gilt es aufzuweisen im Rahmen einer philosophischen Reflexion, die hier vorbereitet werden soll. Dabei ist zu beachten, dass keines der vorgestellten Momente für sich beanspruchen kann, allein das Wesen des Krieges zu erfassen. Es sind eben nur Momente, aber noch keine Ideen (i. S. Hegels als lebendige Begriffe gefasst), die hier vorgestellt werden sollen. Es wird daher versucht, in diesem Band gerade nicht „ideologisch" in dem (hegelianischen) Sinne zu sein, dass man ein Moment bereits für das Ganze erklärt. Aber jedes dieser Momente hat eine zentrale Funktion für die Erhellung des Phänomens „Krieg"; ihre abschließende Zusammenschau sollte den Blick für das Wesen des Krieges ein wenig schärfen.

Die polemologische Reflexion als transzendentaler Selbstvollzug

Andererseits ist es dem Anspruch, den Blick auf die wesenhafte Wirklichkeit des Begriffes Krieg zu lenken, geschuldet, dass man den Mut zur Konzentration hat: Manche Aspekte des klassischen Kriegsdiskurses mag man im Lichte einer enzyklopädisch missverstandenen Vollständigkeit vermissen. Doch nicht alles, was in der europäischen Geistesgeschichte der letzten 3000 Jahre zum Krieg gedacht wurde, erweist sich allein schon dadurch, dass es uns überliefert ist, als Wegmarke im *perennen* Ringen um die lebendige Idee des Krieges selbst, verstanden als die Verwirklichung seiner Begrifflichkeit. Leitstern des hier vorgeschlagenen Marsches durch die abendländische Gedankenwelt kann nur ein *idealistisches* Grundverständnis vom Krieg selbst sein. Die Anstrengung des zu verwirklichenden Begriffes weist über das Physische stets hinaus ins Metaphysische, über das Faktische hinaus ins Normative, über das Werthafte hinaus ins Prinzipielle; daher ist die transzendental-synthetische Deduktion der entelechetisch-analytischen Induktion als Methode der Seins*lichtung* vorzuziehen. Unser Unterfangen, das Phänomen Krieg auf seine gleichsam platonisch-sonnenhafte *idealitas* hin zu befragen – eine Ideenhaftigkeit, die ebenso existenz- wie erkenntnisbegründend ist –, nötigt zur gebotenen Systemik des eigenen Seinsvollzugs, wie dieser sich sowohl im Denken des späten Platon („Parmenides", „Sophistes") als auch der neuzeitlichen System-Platoniker Spinoza, Fichte und Schelling andeutet.

Vor diesem systemischen Hintergrund ist die Auswahl der vorgestellten Autoren bzw. ihrer Gedanken zu sehen: Es kann – im Lichte des methodischen Ansatzes – nicht darum gehen, umfassend historisch-chronologisch eine bloße Begriffsgeschichte des europäischen Kriegsdiskurses vorzulegen. Ebenso wenig macht es für den gewählten Ansatz Sinn, den aktuellen und – wie das weiterführende Literaturverzeichnis erkennen lässt – überaus umfänglichen Gegenwartsdiskurs zum Krieg um eine weitere entelechetisch-analytische Äußerung zu vermehren. Vielmehr soll das Wagnis unternommen werden, jene transzendental-deduktive Wesens*lichtung* des Krieges zu versuchen, die dazu verhilft, sich der immanenten Grundlagen des Krieges wie des Diskurses über ihn zu vergewissern – des Polemos nämlich in der dialektischen Verwirklichung seiner Idee als geschichtlicher Entfaltung seiner selbst.

Zur Methodik der Entfaltung des Polemos

Unser Ansatz der kritischen Entdeckung von Krieg im Lichte des im-manenten Polemos kann – wie schon ausgeführt – keine bloße *Theorie* des Krieges sein, er muss vielmehr eine erste Vorüberlegung zu einer künftigen *Philosophie* des Krieges leisten. Es kann sich dabei nur um erste Skizzen bzw. Wegmarken handeln, um Anregungen, das Wesen des Krieges von einer systemisch-philosophischen Warte aus in den Blick zu nehmen. In diesem Sinne haben André Glucksman (1968) und Heimo Hofmeister (2001) philosophische Reflexionen über den Begriff „Krieg" vorgelegt. Unser Ansatz soll ein eminent ideengeschichtlich-dialektischer sein und folgende Reflexionsstruktur von Bios, Logos und Polemos aufweisen.

Bios: Wenn man sich – auf ideengeschichtliche Weise – die Entwick-lung der europäischen Zivilisation vergegenwärtigt, so kann man nicht umhin, an den Wendepunkten der europäischen Kultur- und Sozial-geschichte immer in gewisser Weise zivilisatorisch richtungweisende Kriege zur Kenntnis zu nehmen, die alle meist lang dauerten und eine ganze Epoche geprägt haben. An den Anfängen der europäischen Zivi-lisation (ca. 1000 v. Chr.) etwa steht der 10-jährige Trojanische Krieg, von dem Homer in seiner Ilias kündet, dessen historische Wurzeln in die Anfänge der griechischen Mythologie hinabreichen und auf dessen Verlauf sich – vermittelt durch Vergils „Aeneis" – noch die sagenhafte Gründung Roms bezieht. Vor diesem Hintergrund ist es durchaus geboten, sich der „hintergründigen" Kriege zu erinnern, in deren all-gegenwärtigen Schatten fast sämtliche Kernautoren der europäischen Geistesgeschichte gewirkt haben. Es ist faszinierend, und durchaus von hermeneutischer Relevanz, zu berücksichtigen, welchen kriegsge-schichtlichen Deutungsrahmen eine Vielzahl von europäischen Den-kern und damit deren Gedanken aufweisen.

Logos: Des Weiteren kann man das Denken über den Krieg nicht losgelöst von den grundsätzlichen philosophischen Ansätzen der gro-ßen Meister fassen, weshalb auch auf diesen Aspekt Bezug genom-men werden muss. Es ist das Denken über den Krieg stets in einen systemischen Zusammenhang zu stellen, als Momentum einer ganz-heitlichen Denkweise und Weltanschauung zu betrachten. Ansonsten vernachlässigt man den gedanklichen sinnstiftenden Referenzrahmen der Reflexionen zum Krieg. Es ist dabei selbstverständlich sowohl die Bedeutung als auch die Ergiebigkeit dieses Ansatzes vom Denken des jeweiligen Philosophen abhängig, aber es spricht viel dafür, jedem Denker ein System oder zumindest einen reflexiven Entwicklungsweg des Denkens zu unterstellen, der bei aller Dynamik doch feste Markierungen aufweist, die Orientierung in der Gedankenwelt des jeweiligen Autors erlauben.

Polemos: Last but not least muss sodann der Krieg selbst in unseren Blick treten. Von Bios und Logos hermeneutisch umrahmt und in einen Sinnzusammenhang gestellt, kann der Leser die wahre Tragweite und Bedeutung der Reflexionen über den Begriff und das Wesen des Krieges erschließen. Ganz im Sinne Hegels, wonach das Wirkliche ebenso vernünftig sein muss, wie das Vernünftige immer schon wirklich ist, ist im Polemos-Schritt nunmehr die Wirklichkeit des Bios und die Vernünftigkeit des Logos in der Wahrhaftigkeit des Polemos zu vereinigen – womit sich eine dialektische Doppelstruktur ergibt: Ohne biographische Berücksichtigung kann das philosophische Schaffen vieler Autoren nicht umfassend gewürdigt werden. Andererseits sind die Äußerungen zum Krieg von den großen Meistern des europäischen Abendlandes nicht ohne Bezug zu ihrer systematischen Grundlehre zu verstehen, daher ist jeder Autor in Hinblick auf die Dialektik von Bios, Logos und Polemos zu skizzieren, um ausreichende Orientierungskompetenz zu vermitteln. In Wahrheit handelt es sich um wegweisende Ausgangspunkte zu weiterem vertieften Nachdenken über die Sache selbst – den Krieg in seiner eigentümlichen Unfassbarkeit.

Krieg im Profil

Prolog: Krieg als Werden – Heraklit

*Krieg ist zwar immer auch, aber niemals nur ein Phänomen inter-
subjektiver Handlungsvollzüge. Es ist für den adäquaten Zugang
zum Krieg die Einsicht in seine metaphysische Dimension vonnö-
ten. Diesbezüglich kann zweifellos Heraklit als der Ahnherr eines
Kriegsverständnisses gelten, der mit untrüglicher „intellektueller
Anschauung" den Blick auf das immanente Wesen von Krieg,
nämlich auf das Prinzip des Seins zu richten vermochte. Zusammen mit seinem ebenfalls revolutionären Verständnis der allum-
fassenden Wirksamkeit des Logos lichten sich in seinem dunklen
Denken die Schleier sophistischer Kriegsrhetorik.*

An wen soll man sich wenden, wenn man sich mit den metaphysischen
Wurzeln, dem metaphysischen Wesen des Krieges auseinandersetzen
möchte? Es empfiehlt sich, an den Anfang der Metaphysik, den Ur-
sprung europäischen Denkens zurückzugehen, zu den Gedanken des
„dunklen" Heraklit von Ephesos (535–475 v. Chr.), der im ionischen
Kleinasien gewirkt und als einer der ersten Denker überhaupt die
radikale philosophische Frage danach gestellt hat, was hinter den
Phänomenen – im der unmittelbaren sinnlichen Wahrnehmung Ver-
borgenen – wirkt. Heraklits Leben war wesentlich geprägt von dem
kometenhaften Aufstieg des altpersischen Achämidenreiches, das
550–525 v. Chr. den gesamten Orient durch aggressive Expansions-
politik unterworfen hat: die Meder, die Mesopotamier, die kleinasia-
tischen Lyder und zuletzt noch die Ägypter. Die zweite Hälfte seines
Lebens ist von den Perserkriegen (490–450 v. Chr.) geprägt, hatten
diese doch in dem „ionischen Aufstand" (494 v. Chr.) ihren Anfang
genommen und waren in seinem Lebensverlauf noch lange zu keinem

Ende gekommen. Der Kallias-Frieden von 449 v. Chr. hat zu einem Patt geführt, aber im bald danach anschließenden Peloponnesischen Krieg (431–404 v. Chr.) war das Perserreich der Verbündete Spartas im Kampf um die Vorherrschaft in Griechenland. Der 40-jährige Perserkrieg steht im Wesentlichen für eine existenzielle Konfrontation von – gleichermaßen verkürzt wie überspitzt formuliert – noch polytheistisch-griechischem Abendland (olympischer Zeus) und monotheistisch-persischem Morgenland (Zarathustra-Lehre), für den globalen zivilisatorischen Ausnahmezustand. Man muss die Perserkriege also als existenziellen Systemkonflikt, nicht nur als einen Krieg unter vielen ansehen.

Geistesgeschichtlich hat Heraklit sich wohl im Wesentlichen auf Homer und Hesiod bezogen, die Archeautoren griechischer Kultur. Während Homer (800 v. Chr.) die allerersten uns verfügbaren Grundlagen griechischen und damit europäischen Geisteslebens in „Ilias" und „Odyssee" gelegt hat, war Hesiod (700 v. Chr.) in seiner „Theogonie" schon einen Schritt weiter und hat einen Weltschöpfungs- und Göttermythos verfasst, der u. a. Eris kennt – die Göttin des Streits als Tochter der Nacht und Schwester von Ares, dem Gott des blutigen Vernichtungskrieges (im Gegensatz zu Athene, der Göttin des strategischen Krieges) – und damit als essenziell ins Spiel bringt. Während sich die zeitgenössischen ionischen Naturphilosophen wie Thales von Milet noch bei der Erklärung der Welt in seienden Urstoffen (wie etwa Wasser) aufgehalten haben, kann Heraklit diese Versuche, den Mythos intellektuell zu ergründen, erfolgreich meistern. Somit kann erst Heraklit, 200 Jahre nach Homer und 100 Jahre nach Hesiod, als wahrhafter Philosoph angesprochen werden, der – wie jeder Fundamentalphilosoph in der Tradition der *philosophia perennis* – in kritischer Reflexion den Logos freilegt und damit den Mythos im eigentlich dialektischen Sinne „aufhebt". Man sollte nicht der sophistischen Fehleinschätzung unterliegen und diese dialektische Aufhebung als bloß lineare Überwindung missdeuten!

Die Dialektik als Logos des Krieges

Heraklits Denken ist nur in aphoristischen Fragmenten überliefert, was es schwierig macht, ein geschlossenes System in seinen Gedanken unmittelbar nachzeichnen zu können. Aber es lassen sich doch einige zentrale Momente seines Denkens ausmachen, die uns eine ungefähre Vorstellung seiner Philosophie eröffnen: Im Unterschied zu seinem süditalienischen Zeitgenossen Parmenides von Elea (535–475 v. Chr.), der ein statisches Sein als das metaphysische Wesen aller Dinge ausspricht, hält Heraklit entgegen, dass das metaphysische Wesen der Dinge im Werden liege, also in der Bewegung, der Veränderung, der Dynamik. Diese Ansicht haben die „Eleaten" – mittels ihrer Aporien der Bewegung – zu widerlegen versucht. Man kann damit sagen, dass sich strukturell in Parmenides und Heraklit die beiden Grundansätze jeglicher Metaphysik finden lassen: Sein und Werden, Statik und Dynamik. Warum dennoch Heraklit der Vorrang gebührt, ist dem Umstand geschuldet, dass er in der zeitlosen Bewegung des Seienden das eigentliche Sein der Dinge anspricht, also eigentlich schon im Sinne der dialektischen Synthese „Sein" und „Werden" dadurch vereint, versöhnt hat, als er im kontinuierlichen Werden das eigentliche Sein erkennt. Daher kommt der berühmten Flussmetapher eine so große Bedeutung zu: Man kann nicht zweimal in denselben Fluss steigen – das „Sein" des Flusses besteht im ewigen Fließen, im Werden, der Fluss „ist" zwar, aber als ein wesenhaft Fließender damit in einem auch ein Bewegter.

Wenn man nun die Kernaussagen des herakliteischen Denkens über den Krieg sucht, so wird man sich hauptsächlich – es gibt noch weitere einschlägige Stellen, etwa das Eris-Fragment 80 – auf den berühmten Aphorismus 53 stützen können, der v.a. eine Begriffs- und Positionsbestimmung erlaubt, die von radikaler Deutlichkeit ist: „Krieg [polemos] ist aller Dinge Vater, aller Dinge König. Die einen erweist er als Götter, die anderen als Menschen – die einen lässt er Sklaven werden, die anderen Freie." Bei diesem Text sind unmittelbar zwei Aspekte besonders zu berücksichtigen: zum einen die Frage der Übersetzung des Begriffs „polemos" mit Krieg. An dieser Stelle wäre es nicht unangebracht, die allgemeinere Bedeutungsvariante „Konflikt" oder „Kampf" in Betracht zu ziehen, da sich solcherart der dialektische Sinn dieses Satzes besser erschließt und damit – in gleichsam „systematischer Interpretation" – der Gedanke besser zur Logik-Konzeption des Heraklit passt. Spannungsreicher Polemos als Ausdruck des wirkenden Logos – diese Dimension lässt diesen Aphorismus in einem ganz anderen Licht erscheinen und seine metaphysische Bedeutungsperspektive sichtbar werden. Zum anderen ist darauf zu achten, dass der Polemos die einen als Götter, die anderen als Menschen erscheinen lässt, die einen zu Sklaven, die anderen zu Freien macht. Solcherart hat der Polemos eine Stellung, die noch vor der göttlichen Allmacht oder gar menschlichen Verfügungsmacht liegt. Damit wird seine herausragende, allem zugrundeliegende Bedeutung zum Ausdruck gebracht.

Der „Krieg" steht bei Heraklit daher weniger für eine (erst) politische Kategorie, gesetzt als soziales Phänomen (das sicherlich auch), sondern v. a. für ein ontologisches und anthropologisches Prinzip des Seins und des Daseins – begriffen als *dynamis*, als stetes Werden, als Übergang, der sich im Logos, in der Weltvernunft vollzieht, die ihn solcherart zu einer Einheit, nachgerade zu einer Harmonie verbindet (die ja bekanntlich aus Zusammenklang und nicht aus Einklang besteht). Dieser Logos wird symbolisiert durch das Feuer, das einerseits schöpferisch, andererseits zerstörerisch ist: Es muss vernichten, um zu erschaffen.

Diese Einsicht gilt nicht nur für die Ontologie, sondern auch für die Geschichte des Politischen: Diese ist – v. a. in griechischer Einsicht – geprägt von ständigem Wandel und ständiger Reibung zwischen den einzelnen politischen Einheiten, eine strukturelle Konfliktualität, die Jahrtausende später Carl Schmitt (1932) zu dem Schluss kommen lässt, dass das Wesen des Politischen wesentlich in der Konfliktualität von Freund und Feind zu sehen sei. Aber auch schon für Kant war die stete Reibung der politischen Einheiten sowohl im unübersichtlichkleinstaatlichen Griechenland als auch im ähnlich unübersichtlichen Europa ein entscheidender Aspekt der Intensivierung zivilisatorischkultureller Entwicklung und schöpferischer Vielfalt. Gleichzeitig weist Heraklit bereits den Vernunftweg aus dieser dauernden Konfliktualität – das Recht. Es ist aus dem Streit heraus geboren und besteht in der Hegung des Konflikts, wie es Carl Schmitt (1938) ebenfalls Jahrtausende später fast wörtlich – zumindest aber im Geiste des Heraklit – formulieren wird. Damit wird ebenfalls bereits bei Heraklit die kulturelle Hegung des Kultur ermöglichenden Krieges angesprochen und damit der Grundstein der Naturrechtslehre gelegt.

Für unsere weiteren Überlegungen zu Begriff und Wesen des Krieges stellt Heraklit jedenfalls den zentralen argumentativen Ausgangspunkt dar: Seine Einsicht in die essenzielle Bedeutung von „Polemos" sowohl für das Sein als auch für das Dasein des Menschen ist jener interpretative Hintergrund, vor dem unsere Überlegungen zum Krieg und seiner geistesgeschichtlichen Entfaltung angestellt werden müssen.

2

Limitierter Krieg und politische Moralität – Platon, Cicero, Augustinus

Das erste Momentum des Phänomens Krieg ist das unmittelbar Moralische, die unbefragte Gerechtigkeit, die sich in der Konstitution und damit Definition und damit Begrenzung von Polis (Platon), Republik (Cicero) und Kirche (Augustinus) ausspricht. Für Platon ist es unmittelbar „gerecht" im Sinne von „vernünftig", als Kern der Polis die Befähigung des Gemeinwesens zum Krieg zu sehen. Man kann ihn als elementare Kulturtechnik der griechischen politischen Kultur ansehen. Für Cicero ist es durchaus mit der stoischen Ethik vereinbar, Krieg zu führen. Der Mehrwert des stoischen Kriegsbegriffs ist seine Regelgebundenheit, die sich im rechtskulturellen Umfeld der Römischen Republik entwickelt hat – damit kündigt sich bei Cicero schon der Übergang zu einem rechtlichen Kriegsverständnis (zweites Momentum) der gehegten Kriegsführung an. Augustinus schließlich sieht den Krieg im Lichte der Umsetzung göttlicher Gerechtigkeit auf Erden an. Da der Krieg ein Phänomen des irdischen Lebens ist, das man um der Rettung der ewigen Seele willen (sonst um keines Grundes wegen) führen darf und soll, kommt diesem Kriegsverständnis nun eine versittlichende Dimension zu, die bereits auf das dritte Momentum verweist und im Legitimierungsanspruch der Sittlichkeit auch die unbedingte Beziehung auf das Sittliche als Weg und Ziel von Krieg enthält.

Betrachtet man den intellektuellen Ausgangspunkt für das Nachdenken über den Krieg in der Antike, so fällt der erste Blick auf das monumentale geschichtsphilosophische Werk des Thukydides: „Der Peloponnesische Krieg". In diesem politischen Werk entfaltet Thukydides nicht nur die detailreiche Geschichte des großen – wie man ihn nennen könnte – „vaterländischen" Krieges des antiken Griechenland, des – typisch neuzeitlich-vereinfacht ausgedrückt – großen politischen Systemkrieges zwischen Athen und Sparta, zwischen Liberalismus und Autoritatismus, zwischen Seemacht und Landmacht, zwischen Progressivität und Reaktion, zwischen „Seehandel" und „Landwirtschaft". Das große normative Problem bei diesem politischen Urkrieg ist die Frage nach seiner Limitation: Wenn er nicht argumentativ einer normativen Begrenzung zugeführt werden kann, wirkt er nicht nur materiell, sondern auch immateriell vernichtend innerhalb der und damit auch im zivilisatorischen Wettbewerb lähmend auf die griechische Kultur.

Gegenstand soll hier nicht die Darstellung und Kritik dieses allerersten großen theoretischen Werkes über den Krieg sein, sondern dessen Verarbeitung bei den großen Moraldenkern der Antike: bei Platon, Cicero und Augustinus. Diese Auswahl mag auf den ersten Blick erstaunlich erscheinen, aber zum einen sprechen diese drei Autoren nicht nur zum Abschnittsthema der Moralität des Krieges, sondern sie sprechen auch zu- und untereinander und sind von einer gewaltigen Fernwirkung auf das Kriegsdenken der Neuzeit gewesen: Platon wirkt im Lichte des Unterganges des alten Athen, Cicero wirkt im Lichte des Unterganges des alten republikanischen Rom und Augustinus im Lichte des Unterganges des christlichen Rom bzw. der europäischen Antike insgesamt.

Platon – Krieg und Polis

> *Und damit scheint er mir denn über die große Mehrzahl
> der Menschen das Verdammungsurteil als über Toren ausge-
> sprochen zu haben, indem sie nicht wussten, dass in der Welt
> immerfort ein unaufhörlicher Krieg aller Staaten gegen alle
> sei [...] Denn was die meisten Menschen Frieden nennen,
> das sei nur ein leerer Name, in der Tat aber lebten alle Staaten
> gegen alle von Natur ohne Kriegserklärung beständig in Fehde.*
> Nomoi I, 2, 625d ff.

> *Das allgemeine Beste ist aber doch weder der Krieg noch
> der Aufruhr – vielmehr muss man beten, dass man davor bewahrt
> bleiben möge, derselben zu bedürfen –, sondern gegenseitige
> Befriedung und zugleich befreundete Gesinnung.*
> Nomoi I, 3, 628c ff.

Bios: Zwischen Seedemokratie und Landautokratie

Einer der zentralen Autoren der abendländischen Denktradition ist
zweifelsohne Platon. Von ihm nimmt „Philosophie", im klassischen
Sinn verstanden als „systematisch-reflexive Suche nach der Wahrheit",
ihren Ausgang. Seine geistesgeschichtliche Bedeutung, die biographischen Grunddaten seines Lebens (427–347 v. Chr.), seine aristokra-
tische Herkunft, seine prägende Bekanntschaft zu Sokrates, seine tief
verwurzelte Skepsis gegenüber der „Demokratie" (im antiken Sinne)
– all das ist durchaus bekannt. Was jedoch weit weniger bekannt sein
dürfte, ist der „kriegerische Charakter" seiner Lebensepoche. Schon
seine früheste Kindheit und Jugend, aber ebenso fast seine gesamte
aktive Schaffensperiode war geprägt vom Krieg. Hintergrund war
die zentrale Konfliktkonstellation der Landmacht Sparta gegen die
Seemacht Athen. Diese Spannung hat sich im – eigentlich ersten –
dreißigjährigen Krieg des Abendlandes, im Peloponnesischen Krieg
(431–404 v. Chr.), entladen und sich zu einer Auseinandersetzung von
zivilisatorischem Ausmaß entwickelt, die Athen verloren und Sparta
gewonnen hat. Dieser Dauerkonflikt hat die erste Hälfte seines Lebens
geprägt.

Im Anschluss daran haben weitere 50 Jahre lang fast ununterbro-
chen relativ kürzere Nachfolgekriege stattgefunden, die allesamt das
Ergebnis dieses zivilisatorischen Großkrieges (nachträglich) etwas

korrigiert haben: Die Spartaner haben in Kleinasien Krieg gegen das (bereits schwächelnde) Perserreich geführt, gleichzeitig hat Athen versucht, Rache an Sparta zu nehmen und Bündnissysteme gegen Sparta aufzubauen. Letztlich wurde Athen aber selbst innerhalb seines eigenen attischen Machtsystems schwer getroffen. Auch Sparta hatte sich überdehnt, sodass zwar die Gefahr aus dem Osten (Perser) gerade noch unter Kontrolle gehalten werden konnte, aber niemand im Stande war, die junge aufstrebende Kraft des Nordens, Makedonien, vom griechischen Kernland fernzuhalten.

Logos: Zwischen Politeia-Theorie und Nomoi-Praxis

Das philosophische Denken Platons ist ein verbindend-synthetisches Zusammendenken von reinem Rationalismus (Parmenides) und reinem Empirismus (Thales) – in erhellender Nachfolge des Heraklit, der schon ein ähnliches Programm, aber noch nicht das methodische Instrumentarium besessen hat, um dieses Programm adäquat zu erfüllen. Ähnlich sollte es sich in der Neuzeit im Verhältnis von Spinoza und Fichte verhalten! Sowohl Heraklit als auch Spinoza haben die Einheit als Logos gefasst, aber waren nicht imstande, diesen Logos adäquat zu entfalten; Heraklit hat das Moment der Bewegung betont, aber die Einheit nicht angemessen gefasst, Spinoza wiederum hat die Einheit in den Mittelpunkt gestellt, dafür aber die Bewegung nicht gefasst. Es ist das Bedeutsame am Denken Platons (wie auch Fichtes in der Neuzeit), dass es ihm gelang – vermittelt über seine Ideenlehre –, diese Einheit zu denken; sowohl Platon als auch Fichte vertreten einen Ideal-Realismus bzw. Real-Idealismus. Platon hat in seinen frühen Werken (im Bereich der politischen Philosophie: „Gorgias") in sokratischer Weise die Grundfragen der Ethik aufgeworfen: In diesem Schlüsseldialog geht es um die Rolle der Rhetorik in der Politik, um die Frage des Rechts des Stärkeren und der Relation von Nomos und Physis, und letztlich wird in diesem Dialog die Frage behandelt, ob es gut oder schlecht sei, Unrecht zu tun bzw. Unrecht zu leiden.

In der mittleren Phase geht Platon in seinem politischen Hauptdialog darauf ein, dass es eines genauen Blicks auf ein ganz großes Objekt bedarf, um die Frage der Gerechtigkeit endgültig behandeln zu können. Ausgangspunkt ist Trasymachos mit seiner Vorstellung, dass die Ungerechten immer Erfolg hätten und die Gerechten immer den Kürzeren ziehen würden. Platon setzt daraufhin mit der „Politeia" zu einem wahrlich monumentalen Diskurs über die Gerechtigkeit an, die – so darf man sagen – nicht nur die Frage der individuellen und der staatlichen Gerechtigkeit, sondern so ziemlich alle Fragen der theoretischen und v. a. der praktischen Philosophie behandelt. Der Charakter dieser Abhandlung ist selbstverständlich „utopisch", d. h. Platon beschreibt nicht, wie es in der optimalen Polis aussieht, sondern er deduziert aus der dialektischen Vernünftigkeit, wie es in einer solchen Polis aussehen sollte. Berühmt ist dabei v. a. seine Analogie von der dreistufigen Seelenstruktur des Menschen (*logistikon, thymoeides, epitymetikon*; Lehrseele, Wehrseele, Nährseele), die sich im – organisch verstandenen – Staat dann abbildet in Lehrstand, Wehrstand und Nährstand. Sowohl für den Menschen wie auch für den Staat ist es dabei wichtig, dass diese drei Momente unter der Führung des Logos, der Vernunft in einem Gleichgewicht, einer Harmonie gehalten werden. Darin besteht die eigentliche Kulturaufgabe, darin besteht Zivilisation. Vor diesem Hintergrund der sachlichen Differenzierung hat Platon die später in der Geschichte massiv missbrauchten Worte vom „Jedem das Seine" als Grundprinzip der sozialen Gerechtigkeit ausgesprochen. Wichtig ist, dass diese „ständische" Ordnung Platons dynamisch und durchlässig ist (anders etwa als analoge Gesellschaftsstrukturen im alten Indien oder Ägypten) –, und dass die Durchlässigkeit allein auf Bildung und Leistung beruht (auf *paideia*), also auf Wettbewerb, Konkurrenz und Selektion – ein mehr als moderner deduktiver Ansatz, der ohne induktiven Empirismus zu höchst modernen Vernunftprinzipien gelangt.

Während die mittlere Phase Platons von seiner statischen Ideenlehre geprägt war, die in der Tradition zu einer schlechten Zwei-Welten-Lehre Anlass gegeben hat, entwickelte sich der späte Platon einerseits theoretisch weiter hin zur Dynamisierung der Idee (etwa im „Parmenides" oder „Sophistes"), andererseits ist seine politische Philosophie – etwa in den „Nomoi" und im „Politikos" – von einem verstärkten Pragmatismus gekennzeichnet: Es geht jetzt nicht mehr um die ideale Staatsverfassung, sondern ganz pragmatisch um die Richtlinien für die vernunftbasierte Polis der Gegenwart; daher herrschen jetzt die vernünftigen Gesetze (als Kompromiss) – und nicht mehr ein Philosophenkönig. Der „Politikos" bildet dabei den Übergang von der „Politeia" hin zu den „Nomoi". Der „Politikos" enthält auch schon die platonische Verfassungstypenlehre, und es wird herausgearbeitet, dass jede Verfassungsform basierend auf der Herrschaft der Gesetze besser ist als ohne diese. Auf dieser Grundlage entwickelt Platon dann seine große Staatslehre, die „Nomoi", welche diesen Gesetzesstaat in aller Detailtreue darstellt. Ein Aspekt erscheint dabei von besonderer Bedeutung zu sein: die Erwartung, dass vernünftige Gesetze, die verstanden werden können, auch befolgt würden. Zu diesem Zweck sieht Platon sogenannte „Proömien" vor, in welchen der Sinn und Zweck des jeweiligen Gesetzes ausführlich dargelegt wird. Ohne an dieser Stelle auf die schier unerschöpfliche Themenvielfalt der „Nomoi" eingehen zu können, sei darauf hingewiesen, dass große Teile der neuzeitlichen Staatslehren Elemente aus diesem Werk aufgegriffen haben (als kleines Beispiel diene das zu Beginn des Abschnitts dargebotene Zitat).

Polemos: Zwischen Wächterelite und Bürgerarmee

Platons Reflexionen über den Krieg finden vorwiegend in zwei seiner politischen Hauptwerke statt – in der „Politeia" und in den „Nomoi". Wie schon dargestellt, haben diese beiden Werke eine durchaus unterschiedliche systematische Bedeutung im Werk Platons: Die „Politeia" ist als der (legitimatorische) Vernunftentwurf einer idealen Verfassung für die Polis anzusehen, während die „Nomoi" überwiegend als ein pragmatisches Werk angesehen werden, das programmatische und praktikable Überlegungen zur konkreten Ausgestaltung eines gelingenden Gemeinwesens unter „Realbedingungen" bietet. Es besteht Grund zu der Annahme, dass Platon mit diesem Alterswerk eine Antwort auf die Kritik seines Schülers Aristoteles geben wollte – eine induktive Antwort auf den Vorwurf der hochgradigen Abstraktion seiner deduktiven Vernunftkonzeption in der „Politeia". In beiden Werken geht es um die Frage, wie ein Staat, ein politisches Gemeinwesen eingerichtet sein sollte, um zu glücken, zu gelingen. Doch während Platon in der „Politeia" die Erfordernisse der Vernünftigkeit in den Mittelpunkt seiner Überlegungen stellt, geht es in den „Nomoi" darum, dass die bestmögliche Lösung unter den gegebenen anthropologischen, geographischen und sozioökonomischen Umständen gefunden werden soll.

Zunächst ist bemerkenswert, dass Platon im II. Buch der „Politeia" (373ff.) davon spricht, worin die strukturelle Ursache von Kriegen zwischen Gemeinwesen zu sehen sei: im Übergang von der (bloß) „gesunden" hin zur nunmehr „üppigen" Stadt, also jenem Gemeinwesen, das nicht nur minimale Überlebensbedürfnisse, sondern zivilisatorische und kulturelle Wachstumsbedürfnisse zu befriedigen vermag. Damit spricht Platon schon in seiner idealen Staatsphilosophie als immanent vernünftigen und damit notwendigen und nicht vermeidbaren Grund für den Krieg – abseits von individueller oder kollektiver Unvernunft und Lasterhaftigkeit – die Knappheit von Lebensräumen an, unabhängig davon, ob die politische Führung oder das Volk den Krieg anstrebt und plant oder nicht. Dabei hat man im platonischen Sinn „Lebensräume" als jene Räume zu verstehen, welche ausreichende – die zivilisatorischen Entwicklungschancen eines Gemeinwesens ermöglichende – Rahmenbedingungen aufweisen. Dass solche Kriege um die eigenen Existenzchancen geführt werden, kann man dem jeweiligen Gemeinwesen jedenfalls nicht vorwerfen.

In einem weiteren Schritt leitet Platon aus dieser immanenten Bedrohung eines Gemeinwesens, das existieren und sich entwickeln möchte, ab, dass der Wächterstand nicht nur der inneren Entfaltung der Polis, sondern auch und v. a. der Verteidigung bzw. Sicherung des gesamten Gemeinwesens dient. Im Sinne seiner Theorie der ursprünglichen Arbeitsteilung als Grundlage für die nachhaltige zivilisatorische Entwicklung eines Gemeinwesens überrascht es nicht, dass Platon für die existenzerhaltende Funktion der Verteidigung und Sicherung des Gemeinwesens einen eigenen Stand vorsieht, der, nicht mit täglicher Erwerbsarbeit belastet, dafür Sorge zu tragen hat, dass das Gemeinwesen ungestört funktionieren kann. Die durch strengste Paideia-Selektion ausgewählten Elite-Teilnehmer dieses Standes sind ihrerseits typisch „bürgerlicher" Sorgen um den eigenen wirtschaftlichen Erhalt enthoben. Sie werden vom erwerbswirtschaftlich produktiven Gemeinwesen „miterhalten" und können sich daher ihrer Bestimmung gemäß ausschließlich der Sicherheit des Gemeinwesens widmen, sich darin weiterbilden und entwickeln. Letztlich sieht Platon ja vor, dass sich aus diesem militärischen Wächterstand die politische Elite rekrutieren soll – eine Elite, die sich intellektuell-theoretisch (das „Wahre"), sittlich-praktisch (das „Gute") und auch ästhetisch-musisch (das „Schöne") über Jahrzehnte hinweg bewährt hat und solcherart würdig und fähig sein sollte, gleichsam als „Philosophenkönig" das Gemeinwesen in vernünftiger Weise zu lenken.

Im V. Buch der „Politeia" (470ff.) geht Platon einen Schritt weiter und differenziert zwischen „Krieg" und „Zwist", zwischen *polemos* und *stasis*: Feindschaft von Zusammengehörigem nenne man Stasis, Feindschaft von Ausländischem, Fremdem nenne man Polemos. Und dann setzt er mit einer zentralen Kritik an seiner politischen Gegenwart an: Für Platon, so im V. Buch der „Politeia", sind die Hellenen verwandt und damit „zusammengehörig". Das bedeutet, dass der Kampf zwischen Hellenen, die von Natur aus Freunde seien, daher wider die Natur und damit „krank" ist, der Kampf von Hellenen mit Fremden, ihren „natürlichen" Feinden dagegen naturgegeben und daher „gesund" ist. Solcherart spricht sich Platon – in moderner Diktion – prinzipiell gegen den Bürgerkrieg aus (wie der Peloponnesische Krieg einer war), nicht aber gegen den Krieg mit fremden Mächten (etwa dem Perserreich).

Es ist interessant, dass Platon an dieser Stelle über den klassischen Horizont antiken Staatsdenkens, die Polis, hinausgeht und eine Art familiär-kulturellen Panhellenismus vertritt, der zumindest die politische Konsequenz hat, dass man nicht mehr, ohne sündhaft und krank zu sein, untereinander Krieg führen kann – einen Krieg, der daher auch nicht mehr als solcher bezeichnet werden sollte, sondern nur mehr als bloße Stasis. Solche Stasis, so Platon weiter, hat in dem Geiste der baldigen Wiederversöhnung geführt zu werden, nicht mit der Intention der Vernichtung des Feindes. Es ist daher ein hohes Maß an Achtung im Streit walten zu lassen vor der Person, der Familie und dem Eigentum des – hellenischen – Streitgegners. In der Neuzeit wird Carl Schmitt (1938) diesen Ansatz „gehegten Krieg" nennen. Solcherart sind demnach auch die Wächter so zu schulen, dass sie das Leben, die Familien und das Eigentum der hellenischen Streitgegner nach Möglichkeit achten und schonen. Dagegen betont Platon ausdrücklich, dass Morden, Brandschatzen und Versklavung durchaus Methoden des eigentlichen Krieges mit Ausländern sein können, dass man also gegen Ausländer, „Barbaren", den totalen Krieg ohne Schranken führen kann.

Im Zuge des I. Buches der „Nomoi" (625ff.) spricht Platon – in pragmatischer Absicht – über die Probleme des jederzeit und von allen Seiten drohenden Krieges in den „internationalen Beziehungen". Doch ausgehend von einem Szenario, das in gewisser Weise bereits die Thesen des Hobbes vorwegnimmt, entwickelt sich der Gang des Gesprächs – und damit des Gedankens – in den „Nomoi" völlig überraschend: Platon charakterisiert zunächst einen gelingenden Staat damit, dass er im Krieg als Sieger hervorgeht. Dann aber vertieft er nicht die notwendigen operativen Maßnahmen zur allzeitigen Kriegs- und damit Siegesbereitschaft des Gemeinwesens (wobei von der Unterscheidung zwischen interhellenischer Stasis und transhellenischem Polemos keine Rede mehr ist), sondern er fragt sich, ob der Polemos, der Krieg, nicht auch innerhalb eines Staates auftreten könnte, also auch innerhalb von Staaten zwischen Städten und Dörfern stattfinden könnte. Ja, er geht noch weiter und diskutiert die Frage, ob nicht auch innerhalb eines Dorfes, ja innerhalb eines Hauses Krieg stattfinden könnte.

Zuletzt gelangt er zu folgender radikaler Fragestellung: Kann nicht auch ein Mensch sich selbst gegenüber der schlimmste Feind sein und sich selbst kriegerisch mit der Vernichtung bedrohen? Entsprechend dieser „Bedrohungslage" wird idealtypisch zwischen einem Obsiegen des jeweils guten Teils des Menschen oder des Hauses oder des Dorfes oder der Stadt oder des Staates gesprochen, was dann bei Platon „Sieg" heißt – oder aber das Obsiegen des jeweils schlechten Teils des Menschen oder des Hauses oder des Dorfes oder der Stadt oder des Staates ist zu beklagen, dann ist im Sinne Platons von einer „Niederlage" zu sprechen. Wenn das Gute obsiegt, dann hat der Mensch, das Haus, das Dorf, die Stadt oder der Staat über sich selbst einen glorreichen Sieg errungen, im gegenteiligen Fall ist jeweils eine Niederlage erlitten worden: Wenn z. B. in einem Staat die Vollbürger die Oberhand behalten, dann ist das als Sieg zu betrachten, wenn dagegen der Pöbel die Oberhand behält, dann wäre das eine Niederlage des Staates.

Doch selbst im Falle eines solchen inneren Krieges – den Platon „Aufruhr" nennt – ist eine Lösung im Sinne eines totalen Vernichtungssieges der Guten über die Schlechten nicht angebracht. Vielmehr sollte versucht werden, dass die Guten die Herrschaft über die Schlechten erringen und dies mit der Gewalt der Gesetze durchführen. Denn für Platon ist weder der äußere Krieg noch der innere Aufruhr erstrebenswert, sondern einzig der Frieden, auf den man sich dadurch vorbereitet, dass man sich für den Krieg rüstet. Dies – so Platon weiter – sei sinnvoller, als den Krieg dadurch „zu ermöglichen", dass man sich auf den Frieden vorbereitet.

In diesem Sinn diskutiert Platon im VIII. Buch der „Nomoi" (829ff.) die Frage des Prinzips, dass Glückseligkeit darin besteht, weder Unrecht zu tun noch zu erleiden. Über das erste Moment hat man selbst die Kontrolle – man unterlässt es schlicht, selbst Unrecht zu tun. Aber wie kann man das zweite Moment sicherstellen? Wie kann man verhindern, Unrecht erleiden zu müssen und damit in der eigenen Glückseligkeit existenziell beeinträchtigt zu sein? Einzig dadurch, dass man sich schon in Friedenszeiten ernsthaft und andauernd ertüchtigt, um für den kriegerischen Ernstfall gewappnet zu sein. Platon führt diesbezüglich zum Teil sehr detaillierte Vorkehrungen an, die es der vernünftigen Bürgerschaft ermöglichen sollen, jederzeit bereit und gerüstet zu sein, um zu verhindern, dass man vom Ausland Unrecht erleiden muss. Es fällt auf, dass Platon in den „Nomoi" – noch anders als in der „Politeia" – nun nicht mehr vom Idealzustand eines eigenen elitären Wächterstandes spricht, sondern sehr pragmatisch, ähnlich wie sein Schüler Aristoteles, vom Status quo einer wehrhaften Bürgerschaft ausgeht. Darin greift er den gewachsenen Zusammenhang von politisch relevanter Bürgerschaft und politisch existenzieller Kriegstüchtigkeit auf: Wer nicht an der Verteidigung des Gemeinwesens teilnehmen kann, der kann auch nicht am politischen Leben aktiv teilnehmen (da sich ansonsten Macht und Verantwortung nicht decken würden).

In jedem Fall kann man sagen, dass der Krieg für Platon ein zentrales soziales Phänomen war, das auch eine entsprechende Stellung in seinem Denken einnimmt. Es wäre also verfehlt zu vermeinen, so manche klassische Aussage zum Krieg sei erst in der Römer- oder gar in der Neuzeit geprägt worden.

Cicero – Krieg und Republik

Jene Kriege sind ungerecht, die ohne Grund unternommen
wurden. Denn kein Krieg kann gerecht geführt werden,
ohne Grund des Rächens oder der Vertreibung von Feinden.
De Re Publica 3, 3, 35

Aus ihm kann erkannt werden, dass kein Krieg gerecht ist,
es sei denn, er wird geführt, nachdem Ersatz für erlittenen Schaden
gefordert worden ist, oder er wurde vorher angedroht und erklärt.
De Officiis 1, 11, 36

Bios: Zwischen Republik und Autokratie

Marcus Tullius Cicero (106–43 v. Chr.) ist zweifellos einer der bedeutendsten Staatsdenker und Schriftsteller der römischen Antike. Der Jurist und Philosoph – als überzeugter Republikaner streitbarer Zeitgenosse Cäsars – lebte am Wendepunkt der römischen Geschichte und hat es unternommen, die wesentlichen sittlichen Errungenschaften der klassischen Zeit, wie sie sich für Cicero in der Schule der Stoa und dem republikanischen Ethos Roms ausgedrückt haben, für seine Gegenwart und (was er nicht ahnen konnte) die Jahrhunderte, die noch folgen sollten, niederzuschreiben. Bereits als junger Mann hatte er unter dem

Vater des Pompeius Magnus am Bundesgenossenkrieg (91–88 v. Chr.) teilgenommen und war solcherart auch persönlich in die letzten Jahre des Überlebenskampfes der Republik involviert. Seine Lebensspanne sollte von dem Machtkampf siegreicher Feldherren (Pompeius, Crassus und Cäsar) mit bzw. gegen die Republik gekennzeichnet sein. Seine zentralen politisch-philosophischen Werke in diesem Zusammenhang sind „De Re Publica" (54 v. Chr.), „De Legibus" (52 v. Chr.) und „De Officiis" (44 v. Chr.), welche zum politisch-ethischen Standard der Antike und des Mittelalters werden sollten und deren prägende Wirkung bis ins 18. Jahrhundert nach Preußen reichte. Schon die Entwicklung der älteren Stoa (um 300 v. Chr.) durch ihren Gründer Zenon von Kition stand im Zeichen einer untergehenden Kultur und entsprechender „demoralisierender" Kriege (v. a. des 40-jährigen Diadochenkrieges, 322–282 v. Chr.).

Das Werk „De Officiis" beruht über weite Strecken auf uns nicht direkt überlieferten Gedanken des Begründers der „mittleren Stoa": Panaitios von Rhodos (180–110 v. Chr.), der seinerseits der Lehrer des in Rom äußerst geschätzten Poseidonios (135–51 v. Chr.) war, welcher wiederum Cicero wie auch Pompeius in Philosophie schulte. Unmittelbarer Anlass und politischer Hintergrund für „De Officiis" war der schicksalhafte römische Bürgerkrieg (49–45 v. Chr.), der im siegreichen Ringen des autokratischen Cäsar (nach Überschreitung des Rubikon) mit dem republikanischen Pompeius das Ende der Römischen Republik eingeläutet hat. Vor dieser radikalen Infragestellung des Staates und seines Ethos sind bei Cicero, ergänzend zur mittleren Stoa, zusätzlich starke Anklänge an die normative Ethik Platons, v. a. an seine „Politeia" und deren Gerechtigkeitsparadigma, nicht verwunderlich. Abgesehen von biographischen Bezügen ergibt sich auch eine ideengeschichtliche Erklärung dafür, warum Cicero, am Abend des grundlegenden Wandels Roms von der Republik zum globalen Reich, auf jene philosophische Schule zurückgreift, die Jahrhunderte vorher einen analogen Wandel von der griechischen Polis zum hellenistischen Reich soziokulturell zu verkraften hatte. Sein persönliches Schicksal, nämlich Opfer dieses republikanischen Unterganges zu werden, konnten seine wegweisenden Gedanken allerdings nicht mehr abwenden. Es war wie so oft die Eule der Minerva erst bei Einbruch der Dämmerung zu ihrem Fluge aufgebrochen …

Logos: Zwischen stoischem Ethos und Römischem Recht

Im Kern der Überlegungen Ciceros stehen die „Pflichten" nicht nur des (stoisch verstandenen universalen) Menschen, sondern des römischen Bürgers, aber v. a. auch des römischen Staatsmannes. Ausgehend vom platonischen Paradigma der Gerechtigkeit, verstanden als psychophysische und sozioökonomische Harmonie im Rahmen der Polis und vermittelt über die asketische Strenge der älteren hellenistisch-kosmopolitischen Stoa (Zenon, Kleanthes, Chrysippos), gelangte Cicero mit der mittleren Stoa zu einer philosophischen Lehre, die versucht hat, den Dogmatismus einer reinen Pflichtigkeit aufzuheben in Richtung einer gelebten Pflichtigkeit. Cicero geht dabei von der solcherart modifizierten Pflichtenlehre des Panaitios aus, als dessen lateinische Überarbeitung man „De Officiis" bezeichnen könnte: Ganz im Stil der späteren romantischen Tradition der sinnorientierten Übertragung und nicht der buchstabengetreuen Übersetzung hat Cicero ein zentrales Werk der – sozusagen lateinischen – Stoa verfasst.

Charakteristisch ist dabei der Umstand, dass Cicero die Stoa „verpolitisiert", also aus dem ursprünglich hellenistisch-unpolitischen frühbiedermeierlichen Charakter („Ruhe ist die erste Bürgerpflicht") zurückholt in die politische Welt: Nachdem im Hellenismus die Polis als öffentlicher Referenzrahmen weggefallen war und entortete alexandrinische Imperialität den neuen Maßstab abgab, hat die ältere Stoa dahingehend den klassischen griechischen Wertrahmen der Polis überwunden und einen Kosmopolitismus entwickelt, der nicht mehr die relevante Bürgerschaft der Polis, sondern die Menschheit jenseits von Griechen- und Barbarentum, jenseits von Freiheit und Sklaverei zum Gegenstand ihrer Anthropologie und Ethik machte, damit eine Grundhaltung Heraklits aufgreifend, der bereits die Vermittlung zwischen Materie und Geist durch die universelle Feuer-Logos-Seele bewerkstelligte, aber – seiner Zeit weit voraus – mit dieser Dialektik im Dunklen blieb.

Diese Globalität im humanistischen Konzept der individualistischen älteren Stoa findet sich in der mittleren Stoa im Umbruch: Durch den Kontakt mit der neuen aufstrebenden Globalmacht Rom sahen sich Panaitios und Poseidonios veranlasst, das klassische hellenistische Konzept rein in sich ruhender Individualität dahingehend weiter zu entwickeln, dass nunmehr Pflichtigkeit durchaus gemeinschaftlich zu fassen war – man war nunmehr den Menschen und ihrem Gemeinwesen, der *res publica*, gleichermaßen verpflichtet. Es sollte

Cicero vorbehalten sein, diese Gleichrangigkeit hinsichtlich eines Vor-
rangs der Gemeinschaft vor dem Individuum zu formulieren. Damit
war das staatsmännische Ethos der Römischen Republik ausgesprochen, dem Senat und Volk von Rom verpflichtet – *senatus populusque
Romanus.*

Polemos: Zwischen Recht und Billigkeit

Normative Grundlage der frührepublikanischen römischen Kriegstheorie war das Fetialrecht, das in der Frühzeit der Republik noch stark
religiöse Züge aufwies und sich immer mehr in Richtung eines for-
melhaften Verfahrens der Kriegseröffnung entwickelt hat, sodass man
immer die Frage nach dem „ordnungsgemäßen" Eröffnungsverfahren
des Krieges stellen konnte. Dieses komplexe Verfahren – fast schon ein
Ritus – sollte tendenziell das Führen von Kriegen hintanhalten bzw.
durch die prozedurale Gestaltung argumentativ nachvollziehbar und
juristisch nachprüfbar machen. Letztlich dürfte diesem Verfahren ein
frührömischer Kult in Gestalt des Krieges als eines Gottesurteils zugrunde gelegen haben: Formal „korrekt" geführte Kriege wurden in
der Regel gewonnen. Gegenstand dieser Auseinandersetzung waren
zumeist Konflikte mit Nachbarn über Territorium bzw. Ressourcen.
Daher steht im Mittelpunkt dieses kriegseröffnenden Prozedere immer
die prozedurale Bekräftigung bzw. in der Folge die Kundmachung eines
Rechtsanspruches – häufig auf Schadenersatz für erlittenes Unrecht.
Diese lokal-reaktiven Kriegsszenarien waren für die imperiale Phase
der Republik nicht mehr hinreichend; spätestens seit dem Auftritt des
stoischen Philosophen Karneades im Jahre 155 v. Chr. in Rom (im Rahmen der sog. „Philosophengesandtschaft") sind die Römer intensiv mit
(spät)hellenistischer negativer Dialektik, Erkenntniskritik, Rhetorik
und (stoischer) Staatsethik und deren Konzeptionen legitimer Herrschaft und Gewaltausübung konfrontiert. Damit genügt eine kultische
Legalisierung bzw. ritualisierte Formalisierung des Krieges nicht mehr,
es bedarf einer substanziell-sittlichen Legitimierung des Krieges, der
Beantwortung der Frage nach seiner Gerechtigkeit.

Einen klassisch gewordenen Ansatz dazu liefert Cicero in seinem
Werk „De Officiis", jenem Werk, das, wie schon erwähnt, im Wesentlichen auf der Ethik des Stoikers Panaitos beruht. Aber auch „De Re
Publica" enthält wesentliche Aussagen zum Krieg. Zunächst fällt auf,
dass Cicero im Bereich des Krieges klar unterscheidet, ob man Un-

recht begeht durch Tun, einen Angriff oder auch durch Unterlassen der gebotenen Verteidigung; dieser Ansatz, den er vor der eigentlichen Erörterung des Krieges im 7. Kapitel des 1. Buches von „De Officiis" ausspricht, weist auf einen bereits „ethischen" Kriegsbegriff hin, da die unterlassene Verteidigung gegen einen ungerechten Angriff selbst ein Unrecht darstellt.

Damit kann man bereits bei Cicero eine wesentliche naturrechtliche Quelle für das Prinzip der Vereinten Nationen von der Verpönung des Angriffskrieges sowie der Erlaubtheit des Verteidigungskrieges sehen (Art. 51 SVN: „Diese Charta beeinträchtigt im Falle eines bewaffneten Angriffs gegen ein Mitglied der Vereinten Nationen keineswegs das naturgegebene Recht zur individuellen oder kollektiven Selbstverteidigung"). Im Weiteren spricht Cicero dann aber davon, dass es im Bereich der internationalen Beziehungen (soweit man in der römischen Antike von solchen sprechen kann) zwei Arten gäbe, in Konflikten Entscheidungen herbeizuführen: entweder mittels juristischer Verhandlung oder mittels kriegerischer Gewaltanwendung. In diesem Zusammenhang formuliert Cicero, dass die Anwendung von Recht für den Menschen adäquat sei, die Anwendung von Gewalt aber für das Tier (De Officiis 1, 11, 34). Krieg (also Gewaltanwendung) ist erst dann ethisch zulässig, wenn es für eine Verhandlungslösung keinerlei Chance mehr gibt und damit dieser Weg versperrt ist. Es ist in diesem Fall daher gegenüber den anderen Staaten das Recht des Krieges einzuhalten. Es fällt an dieser Stelle ein Paradoxon auf, das noch bis Kant und zum deutschen Idealismus zu beobachten sein wird – das ambivalente Verständnis von Krieg als sozialem Phänomen: Zum einen wird er als Gewaltakt als den Tieren eigen bezeichnet, zum anderen dann aber als ethisch legitim angesehen und in einen rechtlichen Rahmen gesetzt (vgl. Carl Schmitts „gehegter Krieg"). Es kann also Fälle geben, in denen ein „animalisches" Verhalten der Menschen sittlich gerechtfertigt ist (*ius ad bellum*, gerechter Krieg), solange es in einem rechtlichen Rahmen stattfindet (*ius in bello*, rechtlicher Krieg).

In systematischer Sichtweise liegt es auf der Hand, dass für Cicero der Krieg prinzipiell im Lichte eines zu erreichenden „gerechten" bzw. „unschädlichen" Friedens zu sehen ist; Cicero vertritt damit einen materiell-substanziellen Friedensbegriff, nicht einen negativ-formalen der bloßen Abwesenheit von Krieg: Niemand kann gezwungen werden, im Frieden Unrecht zu erleiden (De Officiis 1, 11, 35). Ziel eines (gerechten) Krieges ist daher immer der (gerechte) Friede. In indirekter

Weise spricht Cicero auch die Erfordernisse einer „gerechten" Krieg-führung an: Es geht darum, Grausamkeiten und Unmenschlichkeiten zu vermeiden. Wer sich nämlich solcher Härten und Rohheiten enthalten hat, dem sollte – nach errungenem Sieg – Begnadigung zuteilwerden. Cicero weist in diesem Zusammenhang auf die republikanische Kriegstradition Roms hin, wobei er auch Fälle anführt (Karthago in Nordafrika, Numantia in Spanien und Korinth in Griechenland), bei denen entweder die Härte der Kriegsführung oder aber existenzielle Überlegungen hinsichtlich der „Nachhaltigkeit" der Friedenssicherung eine Rolle spielen: Wenn ein Feind durch die Begnadigung geradezu eingeladen und in die Lage versetzt wird, erneut Krieg zu führen, so ist diese in der Regel nicht zu gewähren (wie in den genannten Fällen geschehen). Steht eine solche Entwicklung nicht zu befürchten, so empfiehlt sich sogar die Aufnahme in die Bürgerschaft. Anders als Aristoteles empfiehlt also Cicero nicht die Versklavung besiegter Feinde – der Unterschied mag zwar auch in der kosmopolitischen Grundhaltung der stoischen Ethik begründet liegen, man kann aber durchaus auch von einem ambivalenten, gleichsam kolonialen Humanismus bei Cicero sprechen. Jedenfalls wiederholt Cicero (De Officiis 1, 11, 35) nochmals ausdrücklich, dass man immer einen Frieden anstreben müsse, soweit er für die eigene Existenz ungefährlich, darin nicht schon der Keim neuer aggressiver Feindseligkeit zu befürchten sei.

Nachdem Cicero zunächst einige grundlegende Überlegungen über das *ius in bello* angestellt hat, kommt er sodann zur Frage des *ius ad bellum* (De Officiis 1, 11, 36), zur Frage der ethischen Rechtfertigung zum Kriege („Billigkeit"). Auch hier erkennt man die Handschrift des römischen Juristen: Er bezieht sich noch ausdrücklich auf die rechts-ethischen Vorgaben des altrömischen Fetialrechts, wonach ein Krieg dann billig sei, wenn er – nach widerrechtlich erlittenem Schaden – auf die vorherige erfolglose Forderung nach Schadenersatz oder auf eine ausdrückliche vorherige Androhung und Erklärung desselben hin geführt wird. Der explizite Bezug Ciceros auf dieses traditionelle römische Kriegsrecht zeugt von der immer noch innigen Verschränkung von *ius ad bellum* (gerechter Grund) und *ius in bello* (gerechte Durchführung) in der römischen Diskussion.

Ein sehr moderner Ansatz findet sich bei Cicero in einem Exkurs (De Officiis 1 11, 37), in dessen Rahmen er davon spricht, dass beim Krieg das Recht der Kriegführung daran geknüpft sei, ein (offizieller) Soldat zu sein – also ein von der staatlichen Macht legitimiertes „Organ".

Diesen Gedanken wird in der Neuzeit u. a. Rousseau wieder aufgreifen, wenn er im „Contrat Social" davon spricht, dass nicht die Menschen, ja nicht einmal die Bürger, sondern nur die Soldaten füreinander Feinde seien. Des Weiteren erörtert Cicero, dass „hostis" (Feind) ursprünglich – in der frührömischen Zeit – die Bezeichnung für den rechtlich zu achtenden Ausländer war und erst in der Zeit des Cicero differenziert wurde: „peregrinus" als friedlicher Ausländer und „hostis" als mit Waffengewalt zu bekämpfender Feind. Ebenso mutet es sehr „modern" an, wenn Cicero (De Officiis 1, 11, 38) zwischen einem Existenzkrieg und einem Exzellenzkrieg unterscheidet: Im ersten Fall geht es um das bloße Überleben eines Staates gegenüber einem ungerechten Feind, der keine Regeln und keine Grenzen seines Militäreinsatzes kennt. Beim Exzellenzkrieg hingegen geht es um Ruhm, Ehre und politische Vorherrschaft. Während der Existenzkrieg mit allen zur Verfügung stehenden Mitteln geführt werden darf, stellt der Exzellenzkrieg ein Kräftemessen zwischen gerechten Konkurrenten bzw. Mitbewerbern dar, welche daher grundlegende Rechtsregeln einzuhalten haben, wie etwa Zusagen (Eid) zu halten. Man wird diese Form der Kriegsführung um Ruhm, Ehre und politische Vorherrschaft in der Neuzeit „Duellkrieg" bzw. „gehegten" Krieg (Carl Schmitt) nennen und vom „totalen Vernichtungskrieg" unterscheiden.

Als Beispiel für einen totalen Vernichtungskrieg führt Cicero die Kriege mit den Celtiberern (200–133 v. Chr.) und Cimbern (101 v. Chr.) an, während die Kriege mit Hannibal (218–201 v. Chr.) und Pyrrhus (282–276 v. Chr.) Kriege um politische Vorherrschaft waren. Cicero weist allerdings darauf hin, dass der Zweite Punische Krieg aufgrund der Grausamkeit Hannibals härter geführt wurde, als es der politische „Exzellenzcharakter" dieses Krieges eigentlich nahegelegt hätte. Pyrrhus hingegen wird von Cicero als der typische „gerechte Feind" angesehen, dem gegenüber man nicht nur gegebene Eide halten, sondern dessen Leben man – so Cicero – begründet gegen verräterische Überläufer aus seinen eigenen Reihen geschützt hat.

Mit diesen Ausführungen enden Ciceros – wenn man so möchte – wegweisende Reflexionen zur Frage der Gerechtigkeit im Krieg und des Krieges. Aus seinen Überlegungen sind wesentliche Momente der aktuellen Debatte zu gewinnen: die Unterscheidung von *ius ad bellum* und *ius in bello* sowie die innere Verknüpfung dieser beiden normativen Dimensionen der Kriegsführung; die Orientierung an einem gerechten Frieden, ein Ansatz, der sogar noch über den modernen Begriff des

„materiellen Friedens" hinausgeht. Letztlich ist auch die Differenzierung zwischen einem Existenzialkrieg und einem Exzellenzkrieg auf Cicero zurückzuführen.

Augustinus – Krieg und Kirche

> *Was ist am Kriege zu tadeln? Ist es die Tatsache, dass darin Menschen getötet werden – die doch alle eines Tages sterben müssen –, damit die Sieger in Frieden leben können? Das am Kriege zu beanstanden oder zu verabscheuen, ist kleinmütig und hat mit Gottesfurcht wenig zu tun.*
>
> **Contra Faustum XXII, 74**

> *Also ist es klar, dass das erwünschte Ende und Ziel des Krieges der Friede ist. Sucht ja doch jeder auch durch Krieg nur den Frieden, niemand durch Frieden den Krieg. Auch wer im Frieden lebt und dessen Beseitigung wünscht, ist nicht ein Gegner des Friedens, sondern möchte nur einen anderen, seinem Wunsch entsprechenden Frieden. Er will also nicht, dass kein Friede sei, sondern, dass ein Friede sei, wie er ihn wünscht.*
>
> **De Civitate Dei XIX, 12**

Bios: Zwischen dekadenter Kultur und aszendenter Kraft

Aurelius Augustinus (354–430) war der wohl wirkmächtigste Theologe und Philosoph des lateinischen Abendlandes. Wenige Jahre vor seiner Geburt hatte sich in der konstantinischen Wende das Christentum seinen Weg an die Staatsspitze des Imperium Romanum gebahnt. Im Jahre 330 hatte Konstantin der Große die griechische Stadt Byzanz zu einem neuen Zentrum des Imperiums – Konstantinopel – ausgebaut. Die beiden Reichshälften – der labile lateinische Westen und der stabile griechische Osten – entwickelten sich immer mehr auseinander. Die Auswirkungen der Völkerwanderung und der Druck der germanischen Stämme auf den lateinischen Westen des Reichs waren stetig anwachsend, aber das Imperium hatte kaum noch zivilisatorische Reserven, um diesem demographisch-militärischen Druck auf Dauer standhalten zu können.

In Thargaste (Nordafrika) geboren, hat Augustinus sein Leben vorwiegend in Karthago und Mailand, also im lateinischen Westen des
Reiches zugebracht. Nach einer orientierungslos-ausschweifenden Jugend ist der 18 Jahre junge Augustinus (372) durch die Lektüre der
(stoisch inspirierten) Texte Ciceros zu Studium und Praxis der Rhetorik und Philosophie gekommen. Zunächst verfiel er für etwa zehn Jahre
den Versuchungen des Manichäismus – mit seinen linear-verständigen
Dichotomien von Gut/Böse, Licht/Dunkel, Gott/Teufel –, welcher keinerlei dialektischen Übergänge erlaubte und in Wahrheit – trotz der
Tarnung als „christliche Sekte" – eine heidnisch-gnostische Lehre war.
Im Jahre 383 soll es zu einer intellektuell enttäuschenden Begegnung mit
dem manichäischen Bischof Faustus von Mileve gekommen sein, gegen
den sich dann auch eine zentrale Schrift des Augustinus aus dem Jahre
400 richtet: „Contra Faustum libri XXIII". Von dieser manichäischen
Grundhaltung konnte sich Augustinus aber – trotz seiner skeptischen
Krisis (aus der ihn die Lehre der Stoiker, des Platon und der Neuplato-
niker befreit haben) und seiner darauffolgenden religiös-christlichen
Bekehrung im Lichte der Lehren des platonischen Mailänder Bischofs
Ambrosius – nie völlig befreien, er hat immer mit dieser dualistischen
Position gerungen, mit der großen Provokation der Moralität. Metho-
disch immer der Rhetorik treu, wurde er nach seiner Taufe 387 wenige
Jahre später zum Priester geweiht und bald danach (395) Bischof von
Hippo (Nordafrika, heutiges Algerien). Er starb in Nordafrika im Jahre
430 zur Zeit der nordafrikanischen Vandalenkriege.

Die Zeitspanne des Augustinus war geprägt vom traumatischen Untergang des mittlerweile 1000-jährigen Römischen (lateinischen) Reiches: Dem Dauerdruck der Völkerwanderung (v. a. der germanischen
Stämme aus dem Norden) nicht mehr länger gewachsen und seit der
verheerenden Niederlage gegen die Goten bei Adrianopel im Jahre 378
ins Wanken geraten, konnte sich das Römische Reich nicht mehr er-
holen und musste es zulassen, dass letztlich Rom selbst im Jahre 410
erstmals wieder nach vielen Jahrhunderten – von den Goten – geplün-
dert wurde. 455 kam es dann zu einer weiteren Plünderung durch die
Vandalen. In dieser Epoche lebte und wirkte Augustinus, der sich u. a.
mit der grundlegenden Frage nach der Rolle des Christentums beim
Untergang Roms konfrontiert sah. Auf diese Frage ist seine Antwort
der „Gottesstaat" (413–426).

Logos: Zwischen Himmel und Erde

Die zentrale Stellung des Augustinus am zweifachen Übergang, einerseits der Antike zum Mittelalter sowie andererseits einer reinen Offenbarungsreligion hin zu einer wissenschaftlichen Theologie, kann gar nicht hoch genug bewertet werden. Er ist einer jener Denker, die von einer inneren Genie-Flamme getrieben werden (ähnlich darin dem Heraklit, Platon, den Stoikern oder Cicero), aber nicht die innere Muße finden, das große System auszuformulieren, wie dies etwa Aristoteles oder später auch Thomas von Aquin geleistet haben. Jene „feurigen" Denker zeichnen sich dadurch aus, dass sie – aufgrund der emanierenden Fülle ihres reflexiven Wesens – den legitimatorischen Blick zurücklenken von der Welt der äußerlichen Sinnlichkeit und Positivität hin zur inneren Weisheit und Normativität. Augustinus hat zwar die Intellektualität der platonischen und neuplatonischen Antike sowie der mit Cicero vermittelten stoischen Ethik wesentlich übernommen, aber an folgendem Beispiel erkennt man dennoch den wesentlichen Unterschied zwischen „Neuplatonismus" und „Christentum": Im herakliteisch zu verstehenden Neuplatonismus *manifestiert* sich Gott – gleichsam wesenhaft-pantheistisch – in den Dingen, während er sich im Christentum in den Dingen nur – erkenntnistheoretisch-aufklärend – *offenbart*.

Im Bereich der praktischen Philosophie ist Augustinus zweifellos als der Anfang des modernen europäischen Nachdenkens über das Verhältnis von Kirche und Staat zu bezeichnen. Für Augustinus ist der irdische Staat, die *civitas terrena*, eine inferiore minderwertige Einrichtung, deren einziger Zweck die Bekämpfung des Bösen in dieser irdischen Welt sein kann. Was jedoch die *civitas terrena* keinesfalls zu gewähren und auch nur eingeschränkt zu gewährleisten hat, ist das individuelle Seelenheil der Christenmenschen. Dies ist Aufgabe der *civitas Dei*, der Gemeinschaft der Gläubigen, die man Kirche nennen kann, aber nicht ohne Weiteres mit „Amtskirche" gleichsetzen sollte. Für Augustinus war es jedenfalls zentral, die noch aus dem spätrömischen Reichsverständnis stammende Vorstellung einer – geradezu – personalen Einheit von staatlicher und spiritueller Führung zu überwinden: Es galt für Augustinus, die erhabene Bestimmung von „Kirche", nämlich dem Menschen einen Weg zum Glauben und zu seinem Seelenheil aufzuzeigen, zu trennen von den rein irdischen Absichten und Aufgaben politischer Staatlichkeit. In dieser Konzeption erkennt man erneut ganz deutlich die Strukturen platonischer Philosophie, die eine präskriptive Erhabenheit des Geistes über die deskriptive Ordnung der Materie nahelegt. Dass sich diese philosophische Position Platons im Lichte des manichäischen Ringens in Augustinus' Denken verschärft, kann dabei nicht wirklich überraschen.

Als Hauptquellen für Augustinus' Lehre vom gerechten Krieg dienen einerseits das 22. Buch der Schrift „Contra Faustum" aus dem Jahre 400 sowie das 19. Buch der Schrift „De Civitate Dei" aus den Jahren 413–426. Die Faustus-Schrift stellt die endgültige argumentative Überwindung des Manichäismus durch Augustinus dar. Schon 383 hatte er, wie bereits erwähnt, in Karthago eine ernüchternde Begegnung mit Faustus von Mileve (350–400), einem der wichtigsten Vertreter des Manichäismus. Bereits damals begann Augustinus an den synkretischen Lehren des persischen Mani (216–276) zu zweifeln: am ewigen Kampf zwischen dem Reich des Lichts und dem Reich der Finsternis und dem Verständnis der Welt als Vermischung von Licht und Finsternis. Obwohl Augustinus sich nach über zehn Jahren manichäischer Gefolgschaft schließlich von dieser Lehre lossagte, bleibt die Frage offen, inwieweit nicht doch wesentliche Aspekte seiner Lehre vom Manichäismus geprägt wurden und auf diesem Weg ins Christentum Eingang gefunden haben. Manche Ansätze in „De Civitate Dei" erinnern jedenfalls an dieses Konzept, v. a. die Vorstellung von dem radikalen, nicht nur Funktions-, sondern auch Wertungsunterschied zwischen der *civitas Dei* und der *civitas terrena*.

Polemos: Zwischen Ungerechtigkeit und wahrem Frieden

Die für unsere Überlegungen einschlägigen Gedanken in der Schrift „Contra Faustum" finden sich im XXII. Buch, Kapitel 74 und 75. In Kapitel 74 tritt Augustinus einem dogmatischen Pazifismus klar entgegen. Er spricht davon, dass die Gerechten „gezwungen" sein können, der Gewalttätigkeit der Bösen ebenfalls unter Anwendung von Gewalt entgegenzutreten. Ziel der natürlichen Ordnung ist aber einerseits der Frieden unter den Sterblichen und andererseits die Anordnung von – gerechtem, zu Frieden führendem – Krieg durch offizielle Kriegserklärung seitens der Staatslenker (womit Augustinus sich klar auf Cicero bezieht). Den alleinigen Umstand der Tötung von Menschen im Krieg betrachtet Augustinus für sich noch nicht als „tadelnswert", da ja das – irdische – Leben „der Güter höchstes nicht" ist, wie es Jahrhunderte später Friedrich Schiller in der „Braut von Messina" formulieren wird.

Dies erfolgt bei Schiller übrigens in Gegenüberstellung zur „Schuld", welche – wie es schon Cicero in „Ad Familiares" ausgesprochen hatte – demgegenüber das höchste Übel darstelle. Daher kann ein Christenmensch entweder gezwungen sein, einen gerechten Krieg anzuordnen, oder aber der Anordnung eines gerechten Krieges Folge zu leisten.

Dass es Augustinus bei der Frage der Gerechtigkeit des Krieges wesentlich auf die innere Motivation ankommt, wird dadurch zum Ausdruck gebracht, dass er Lust zu schaden, grausame Rachgier, Unversöhnlichkeit, Vergeltungswut und Eroberungssucht als „berechtigte Einwände" gegen den Krieg anführt. Doch selbst solche „Ausschreitungen" können das Führen eines Krieges – wenn sie denn gerecht bestraft werden sollen – erzwingen, wenn es anders nicht zu ahnden ist.

Ein besonders komplexes Argument entwickelt Augustinus im 75. Kapitel des XXII. Buches: Da es für ihn aufgrund der Heiligen Schrift offenbar ist, dass alle Gewalt auf Erden von Gott kommt (Röm. 13,1), so kann auch ein Gerechter, der unter einem unglaubwürdigen König dient, einen Befehl dieses Königs ausführen, ohne damit gegen die Gerechtigkeit zu verstoßen, solange der Befehl, für sich allein betrachtet, nicht dem Gesetz Gottes widerspricht. Der unglaubwürdige König kann sich also durch einen ungerecht motivierten Krieg ins Unrecht setzen; ein gerechter Soldat jedoch, der diesem ungerechten König gehorcht, so Augustinus, macht sich selbst aber nur dann eines Unrechts schuldig, wenn der konkrete Befehl konkret den Gesetzen Gottes widerspricht. In moderner Zeit wird dieses Problem berührt im Zuge der Frage, bis zu welchem Ausmaß an Ungerechtigkeit ein Soldat einen Befehl auszuführen hat (sei es mündlich oder nach schriftlicher Bestätigung des fraglichen Befehls) und ab wann ihm die Rechts- bzw. Verfassungsordnung gebietet, einen Befehl zu verweigern (etwa bei Verstoß gegen das Strafrecht bzw. gegen die Menschenrechte oder die Verfassung).

In „De Civitate Dei" widmet sich Augustinus im zentralen XIX. Buch erneut ausführlich der Frage des gerechten Krieges. Er geht dabei von der Grundproblematik aus, dass die Ungerechtigkeit der Menschen der Grund für die Notwendigkeit ist, gerechte Kriege zu führen. Ohne diese Ungerechtigkeit gäbe es auch keine gerechten Kriege. Diese Ungerechtigkeit ist allerdings auch dann beklagenswert, wenn daraus keine Nötigung zum Kampf entsteht (Kapitel 7).

Ein gleichsam universelles Friedenstelos stellt Augustinus im 12. Kapitel des XIX. Buches zur Diskussion: Jeder Mensch strebt – im Frieden wie im Krieg – nach (ruhmreichem) Frieden. Man führt also Kriege um des Friedens willen und man erhält sich in Friedenszeiten die Kriegstüchtigkeit um des Friedens willen („si vis pacem, para bellum", Vegetius). Selbst im Krieg wünscht man den Frieden, und wer den Krieg sucht, tut dies nicht um des Krieges willen, sondern um eines besseren – gerechteren? – Friedens willen. Selbst die Bösen wünschen sich den Frieden auf ihrer Seite, um den Feind besser bekriegen zu können. Selbst der Mächtigste, der jeden im Krieg töten kann, muss mit manchen in Frieden leben – und wenn es nur seine eigene Familie ist. Ein solcher Mächtiger mag sich ganze Städte oder Völker unterwerfen – mit den solcherart „Seinigen" will er doch Frieden halten. Letztlich hat der ungerechteste Kampf ja nur die Absicht, den Besiegten zu unterwerfen und ihn im selbst diktierten Frieden zu halten.

In geradezu rousseauscher Weise fährt Augustinus fort, die Friedenssehnsucht der Halbwilden, ja der wilden Wölfe zu beschreiben als eine immanente Notwendigkeit ihrer Existenz (zumindest mit dem eigenen Leib und seiner eigenen Brut muss der Wilde – im Zeichen der von Rousseau später so bezeichneten Selbst- und Arterhaltung – in „Frieden" leben). Selbst der Böseste will – in Verkehrung der gerechten Ordnung Gottes – mit den Nebenmenschen in seiner Art des Friedens zusammenleben, ihnen seine verkehrte „Friedensordnung" aufzwingend. Augustinus weiter (XIX, 12): „Verhasst also ist ihm die gerechte Friedensordnung Gottes, er liebt einen ungerechten Eigenfrieden. Aber ohne Liebe zu irgendeinem Frieden kann auch der Böse nicht sein. Denn welches Gebrechen sich auch an einem Wesen finde, keines ist doch so völlig wider die Natur gerichtet, dass es deren Grundzüge vernichtete" – „paix de soi", so ist man versucht zu sagen in Anlehnung an Rousseaus „amour de soi".

Augustinus schließt diese Überlegung mit der Bemerkung, dass letztlich nicht nur der göttliche Friede der Gerechten, sondern auch der verkehrte Friede der Ungerechten als „Frieden" zu bezeichnen ist – denn sonst wäre das Verkehrte rein gar nichts. Hier erkennt man die Radikalität des augustinischen Friedensbegriffs – eine Radikalität, die weit über ein ethisches Urteil hinaus in die Ontologie führt: Der Frieden ist das Wesen des Seins. Doch dieser Frieden ist immer schon ein zu erreichender (sei dies nun „gerecht" oder „ungerecht"), womit sich der Friede als geschaffen erweist, nicht als „ursprünglich gegeben". Er ist Überwindung der ursprünglichen Gezweitheit, die – falls sie nicht geleistet wird – zum Nichts führt.

Im 13. Kapitel des XIX. Buches spricht Augustinus den Frieden als „Harmonie" im Sinne Platons an, d. h. als einen Zusammenklang, eine Ordnung, als Eintracht, als Balance zwischen den Extremen: So ist z. B. der Friede der vernünftigen Seelen in der „geordneten Übereinstimmung" von Erkenntnis (Theorie) und Betätigung (Praxis) zu sehen, der Friede unter den Menschen im Rahmen von „geordneter Eintracht", sei es der Angehörigen in der Familie, sei es der Bürger im Staat – jeweils mit Bezug auf Befehlen und Gehorchen. Was aber meint Augustinus mit „Ordnung" in diesem Zusammenhang? „Unter Ordnung aber versteht man eine Verteilung von gleichen und ungleichen Dingen, die jedem seinen Platz anweist." Wenn Augustinus in der Folge sodann von den Ungerechten spricht, so sind diese zwar auch teilweise in einer friedlichen Ordnung, teilweise aber auch nicht – sie erleiden Pein, ihnen ist keine vollkommene Ruhe und Ordnung gegönnt, da sie eben ungerecht sind und daher der göttlichen Gerechtigkeit nicht vollständig teilhaftig werden können. Aber was ein Wesen ist bzw. hat, das hat notwendig Anteil am Frieden, an der geordneten Existenz, so Augustinus im 13. Kapitel.

Im 14. Kapitel des XIX. Buches führt Augustinus sodann den irdischen und den himmlischen Frieden aus: Die vernunftlosen Lebewesen haben im Wesentlichen im Sinne, das Gleichgewicht und die Ruhe und Ordnung des leiblichen Lebens zu erhalten. Die Triebe bedürfen ihrer Befriedigung mit Hilfe der Genüsse und die Seele bedarf der Ruhe und Ordnung – sodann ist der irdische Friede erreicht. Wenn aber ein vernünftiges Lebewesen seinen Frieden erstrebt, so ist dieser nur im Rahmen des himmlischen Staates zu erringen, ist dies eben ein himmlischer Frieden. Dieser Friede besteht darin, dass das Ganze, das sich den vernunftlosen Lebewesen unreflektiert erschließt als operatives Wissen, nunmehr reflektiert und geistig beurteilt wird, um solcherart das je eigene Handeln (Praxis) auf einer kritischen Erkenntnis (Theorie) zu fundieren. Im Lichte der Einsicht in die je eigene Sterblichkeit auf Erden sucht die vernunftbegabte Seele überdies, ihren Frieden auch mit Gott insofern zu schließen, als sie in vernünftigem Gehorsam gegenüber den Gesetzen Gottes, im Glauben dem ewigen Gesetz Gottes folgt. Auch in dieser Relation ist die Harmonie, die Übereinstimmung wesentlich. Im Kern drückt sich dieser himmlische Friede dadurch aus, dass man Gott, sich selbst und die Seinen liebt – jene Seinen, über die man Herrschaft ausübt und für die man Verantwortung trägt, sei es die eigene Familie, sei es die eigene Stadt, sei es das eigene Volk. Die

Sorge für die Seinigen zeichnet somit einen gerechten Frieden im Sinne der Ehrfurcht vor Gott aus, denn der gerechte Befehl erfolgt nicht aus Herrschsucht, sondern aus „erbarmender Fürsorge".

Im 17. Kapitel des XIX. Buches spricht Augustinus – erneut die Analogie von Familie und Staat gebrauchend – nochmals vom Frieden: dem irdischen Frieden, der lebens- und überlebensnotwendig ist für die sterblichen Menschen, und vom ewigen himmlischen Frieden, der in der „vollkommen geordneten und einträchtigen Gemeinschaft des Gottgenießens und des wechselseitigen Genusses in Gott" besteht. Der irdische Friede ist geprägt von der Willensübereinkunft der Sterblichen hinsichtlich ihrer weltlichen Ordnung und Harmonie, ihrer Eintracht im Befehlen und Gehorchen. Doch der himmlische Friede ist den Gläubigen und Gerechten, die ihr sterbliches Leben fristen müssen, verheißen – ist ihr Frieden in Gott nach vollendeter Pilgerschaft. Es ist für Augustinus daher zentral, dass auch die gläubigen Pilger den Gesetzen des irdischen Staates und seiner Friedensordnung zu folgen haben, solange diese Gesetze die Pilgerschaft im Lichte des Gehorsams gegenüber Gott nicht beeinträchtigen. Der himmlische Staat kümmert sich nicht um die nationalen und regionalen Besonderheiten, Sprachen, Gesetze und Friedensinstitutionen seiner Bürger, solange sie nur durch diese irdischen Einrichtungen nicht davon abgehalten werden, sich der Erringung des ewigen Friedens zu widmen.

3

Legaler Krieg und rationale Rechtlichkeit – Grotius, Spinoza, Kant

Der Krieg ist nicht nur ein moralisches Phänomen, sondern dieses entfremdet sich im Moment der moralischen Geltungskrise hin zur rechtlichen Positivität – er erhält einen vormoralischen Charakter prozeduraler Regelmäßigkeit und der legitimatorische Kernanspruch der Gerechtigkeit wird verfahrensmäßig aufgelöst. Grotius hat im Rahmen der frühneuzeitlichen Religionskriege und ihrer allseitigen totalitären Gerechtigkeit den Krieg entzaubert hin zu einem rechtlichen Verfahren gemäß der Trias: rechtmäßiges Organ, rechtmäßiges Verfahren und rechtmäßiger Grund. Spinoza wiederum hat eine vormoralische Vernünftigkeit offengelegt, die es in herakliteischer Radikalität erlaubte, nachgeordnete humane Verbindlichkeiten legitimatorisch als nur modular zu neutralisieren. Entsprechend unerbittlich sieht Spinoza den Krieg als Instrument der Verwirklichung der allmächtigen Rationalität. Kant war es sodann vorbehalten, das Regeldenken des Grotius mit dem kategorialen Vernunftdenken des Spinoza über die Trennung von Legalität und Moralität im Zeichen der Freiheit zu versöhnen.

Der zweite Schritt unserer dialektischen Überlegungen soll dem Krieg in seiner moralischen Entfremdung, also in seiner abstrakten Rechtlichkeit, gewidmet sein. Es geht in diesem Zusammenhang schon lange nicht mehr um eine moralische Limitation des Rechts auf den Krieg. Es geht bereits um eine naturrechtliche Strukturierung des Rechts *zum* Krieg und des Rechts *im* Krieg – um bloße Legalität, die allerdings die den Umbruch des Mittelalters zur Neuzeit kennzeichnenden hemmungs- und schrankenlosen Religionskriege unter Kontrolle bringen soll: Es muss die multiple Absolutheit moralischer Rechtfertigung eingehegt werden, die zum auf allen Seiten geltenden und tendenziell bis zur Totalzerstörung führenden moralischen Anspruch auf Sieg des je eigenen universellen einzigen Gottes(-Begriffs) führt. Es geht daher im Übergang zur Neuzeit um die grundsätzliche Frage, ob der Krieg – als ja unter dem Anspruch der Gerechtigkeit stehendes menschliches Verhalten – nicht prinzipiell besser auf seine rechtliche Fundierung hin weiterentwickelt werden sollte, oder ob sich der Krieg – trotz seines antiken und mittelalterlichen Charakters der Gerechtigkeit – der Erfassung durch das Recht völlig entzieht.

Die wegweisenden Autoren im Bereich der Verrechtlichung von Krieg waren Grotius, Spinoza und Kant. Es ist dabei bezeichnend, dass Grotius in diesem Zusammenhang äußerst vorsichtig argumentiert und in einem Ausmaß – gleichsam scholastisch – für jeden einzelnen Gedanken bereits unzählige antike und/oder mittelalterliche und/oder christliche Zeugen aufruft, um ja dem Verdikt zu entgehen, mit der Verrechtlichung des Krieges eine amoralische Gottlosigkeit zu begehen. Ihm geht es vielmehr darum, eine immer schon gegebene Dimension von Moralität – deren verallgemeinerbare Gesetzlichkeit nämlich – operativ zum Einsatz zu bringen. Dieser Ansatz wird sich später bei Kant an ganz prominenter Stelle seiner Moralphilosophie wiederfinden: im Bereich des kategorischen Imperativs. Doch zwischen den beiden vorsichtigen und behutsamen Naturrechtsdenkern Grotius und Kant steht das angebliche Enfant terrible der europäischen Philosophiegeschichte: Baruch de Spinoza. Dieser von allen Religionsgemeinschaften und politischen Kreisen verstoßene einsame Denker hat sein Leben der Frage nach der all-einen Substanz hinter aller flüchtiger Vielfalt gewidmet und diese Vereinigung von platonischer Fragestellung mit „katholischer" Universalität – seinen Gottesbegriff – einem atemberaubenden System rationaler Gedanklichkeit derart schonungslos zugrunde gelegt, sodass man erkennt, dass universale Vernünftigkeit vom Menschen als seine eigentliche Substanz bewältigt werden muss.

Grotius – Krieg und Naturrecht

*Der Satz, dass im Kriege alles Recht aufhöre, ist so weit
von der Wahrheit entfernt, dass ein Krieg sogar nur
der Rechtsverfolgung wegen angefangen und ein begonnener
nur nach dem Maße des Rechts und der Treue geführt
werden darf.*
Proleg. 25

*Es schweigen daher unter den Waffen die Gesetze; aber nur die
des Verkehrs, der Gerichte und des Friedens, aber nicht jene
ewigen und für alle Zeiten geltenden Gesetze. Es ist deshalb
ein vortrefflicher Ausspruch von Dio aus Prusa, dass
unter Feinden zwar das geschriebene, d. h. das bürgerliche Recht
nicht gelte, aber wohl das ungeschriebene, d. h. das, was die Natur
gebietet, oder die Übereinstimmung der Völker bestimmt.*
Proleg. 26

Bios: Zwischen Gelehrsamkeit und Politik

Hugo Grotius (1583–1645) gilt – trotz manch kritischer Stimme – nach
wie vor als Begründer des modernen Völkerrechts. Seine Lebensge-
schichte ist geprägt vom sog. 80-jährigen Krieg (1568–1648) der calvinistischen Niederlande gegen das katholische Spanien. Und von seiner persönlichen Hochbegabung: So studierte er bereits mit elf Jahren
(1594) an der Universität Leiden alte Sprachen, Rechtswissenschaften,
Philosophie und Theologie (mit zwölf Jahren beherrschte er schon flie-
ßend Latein und Griechisch). Im Jahre 1598 wurde er in Angers dem
französischen König Heinrich IV. vorgestellt. Nach eingehender Prü-
fung verlieh die Universität Orléans dem hochgebildeten 16-jährigen
Grotius im selben Jahr den Titel eines Doktors der Rechtswissenschaft;
er wurde in seiner Heimat zum Anwalt zugelassen, im Jahre 1607
Staatsanwalt der Staaten von Holland (1609 erstes Hauptwerk: „Mare
librum", „Freiheit der Meere") und 1613 Stadtsyndikus von Rotterdam.
Einige Jahre später brach seine Karriere abrupt ab, man kann sagen,
dass zu diesem Zeitpunkt Grotius von der Weltgeschichte aus seiner
bürgerlichen Existenz herausgerissen wurde: Er wurde 1618 – zusammen mit dem holländischen Landesanwalt Johan van Oldenbarnevelt –
auf Befehl des Statthalters Moritz von Oranien verhaftet.

Hintergrund dieser dramatischen Entwicklung war – neben politischen Konflikten – die religiöse Auseinandersetzung zwischen den (gemäßigten) Arminianern und den orthodoxen Gomaristen – während Erstere (eher in der Oberschicht verankert) die strikte Prädestinationslehre Calvins ablehnten und eine grundsätzliche Willensfreiheit des Menschen annahmen, vertraten die Letzteren (eher in der Unterschicht und im Militär verankert) eine harte Prädestinationslehre und lehnten die Freiheit des Menschen kategorisch ab. Auf der Synode zu Dodrecht wurde dieser Richtungsstreit zugunsten der orthodoxen Gomaristen entschieden. Johan van Oldenbarnvelt und Hugo Grotius vertraten die Richtung der auf der Synode unterlegenen liberalen Arminianer.

Während Oldenbarnvelt 1619 zum Tode verurteilt und hingerichtet wurde, verurteilte die Synode Grotius „nur" zu lebenslangem Kerker auf Schloss Loevestein. Dort verfasste er sein – gemessen am „Publikumserfolg" – bedeutendstes Werk: „De Veritate Religionis Christianae" („Von der Wahrheit der christlichen Religion"), das 1622 erstmals erschien. Bereits im Jahr 1621 gelang ihm (versteckt in einer Bücherkiste) die spektakuläre Flucht aus der Haft, die ihn – als Handwerker verkleidet – über Antwerpen schließlich nach Paris führte. Dort verfasste er 1625 sein zweites Hauptwerk: „De Jure Belli Ac Pacis Libre Tres" („Drei Bücher über das Recht des Krieges und des Friedens"). Zunächst lebte er von Zuwendungen des französischen Königs, später trat er – nach vergeblichen Versuchen der Rehabilitation in Holland Anfang der 30er Jahre – in die diplomatischen Dienste Schwedens ein und spielte eine in der Forschung nicht unumstrittene Rolle im Kontakt zwischen Frankreich und Schweden, zwei verbündeten Mächten des Dreißigjährigen Krieges. Auf einer Reise nach Schweden erlag Grotius 1645 in Rostock seinen Verletzungen, die er sich im Zuge eines in der Ostsee vor Lübeck erlittenen Schiffbruchs zugezogen hatte. Man kann sagen, dass das Leben des humanistischen Juristen Hugo Grotius geprägt war von den religiösen Konflikten der Frühneuzeit, vor deren Hintergrund sich zeitgleich der Aufstieg der Vereinigten Niederlande zur globalen Wirtschaftsmacht vollzog.

Logos: Zwischen Katholizismus und Calvinismus

Grotius befindet sich inmitten des paradigmatischen Wandels vom ausgehenden Mittelalter hin zur frühen Neuzeit. Er steht im Mittelpunkt des geistesgeschichtlichen Wandels, der das späte Mittelalter und die frühe Neuzeit miteinander verbindet – und er hat diesen Wandel aktiv betrieben: Das mittelalterliche Ringen um ein christliches Prinzip internationaler Ordnung (man denke an die großen Meister der Schule von Salamanca) wurde von ihm mit der neuzeitlichen Gewissheit menschlicher Zweckrationalität verknüpft (man denke an Machiavelli und Hobbes, die großen Meister der politischen Theorie der Frühneuzeit). Grotius hat es – im Unterschied sowohl zu den imperialen Denkern von Salamanca als auch zu den konfliktualen Denkern der Frühneuzeit – mit einem soziopolitischen Umfeld besonderer Zukunftsträchtigkeit zu tun, nämlich mit den Vereinigten Niederlanden des 16. Jahrhunderts, die in ihrer Seinsweise geradezu paradigmatisch für moderne neuzeitliche europäische Staatlichkeit stehen könnten: calvinistisches Ethos, aber dennoch aufgeklärter Liberalismus; kriegerischer Republikanismus, aber ohne natürliche Ressourcen notwendig global-innovativ, jedoch auch imperial wirtschaftend und daher autonom wohlhabend. Vor diesem Hintergrund tritt im 17. Jahrhundert Grotius an, um jene vernünftige Vermittlung von Moralität (= Christentum) und Rationalität (= Aufklärung) zu leisten, die der Wahrheit entspricht: Er leistet dies – wenn auch vielleicht nicht „originell", so doch umso wirkmächtiger – durch die Verdichtung des Begriffs des teleologischen Naturrechts zum „rationalen Vernunftrecht".

War man im Bereich der politischen Philosophie – als Hinweis möge die Erwähnung von Machiavelli genügen – unmittelbar von der religiösen Einbettung in die kalte Zweckrationalität allen politischen Handelns geschwenkt, also weg vom Guten hin zur blanken Macht, so wurde der mittelalterlich verpönte und unter Gerechtigkeitskuratel gestellte Krieg plötzlich zur tagespolitischen Selbstverständlichkeit unter Einsatz aller – physikalisch-technisch möglicher – Mittel (was sogar binnen weniger Jahrzehnte zur radikalen Veränderung der politischen Strukturen geführt hat, wie Herfried Münkler in seinen Studien zu Krieg und Politik in den letzten Jahren wiederholt aufgezeigt hat). Als Gegenbewegung kam zeitgleich ein moralisierender Totalpazifismus (hier sei Erasmus erwähnt) auf, der sich wiederum der Vernünftigkeit dadurch entzog, dass er das Kind mit dem Bade ausschüttete und – wider jede bessere Einsicht in die Komplexität von Wirklichkeit – jede Form von Krieg verbot. Grotius sieht sich mit dieser Situation konfrontiert und unternimmt daher den Versuch, durch eine kompilatorische Revision des antiken wie mittelalterlichen Wissens um Recht und Unrecht, Staat und Volk, Krieg und Frieden die Begriffe nach dem allgemeinen Erdrutsch des Epochenwandels, der unter den Blitzen des niederländischen Freiheitskampfes seinen Anfang und unter dem Donnergrollen des blutigen Dreißigjährigen Krieges seine Vollendung erfuhr, zu klären und zu systematisieren.

Polemos: Zwischen Recht und Prozessualität

Grotius' Hauptwerk („Drei Bücher über das Recht des Krieges und des Friedens, in welchem das Natur- und Völkerrecht und das Wichtigste aus dem öffentlichen Recht erklärt werden") stammt aus dem europäischen (Kriegs-)Jahr 1625 und ist in Paris in lateinischer Sprache verfasst worden. Das Werk gliedert sich in drei „Bücher". Das I. Buch handelt, neben einer einleitenden Diskussion des Begriffs des Rechts, von der Frage, ob es überhaupt einen „gerechten" Krieg gibt. Nachdem dann die Unterscheidung von öffentlichem und privatem Krieg eingeführt ist, kommt Grotius zum Begriff der „höchsten Gewalt", wobei er bereits unterscheidet, ob diese dem König oder dem Volke zusteht. Abschließend diskutiert er die Frage des Gehorsams der Untertanen gegenüber der Obrigkeit (Proleg. 33). Das II. Buch handelt sodann von den Ursachen der Kriege, v. a. vom Personen- und Eigentumsrecht, über die Staatsgewalt im Allgemeinen sowie über das Recht der Verträge und ihrer Auslegung. Aber auch Fragen der Erbfolge der Könige, das Recht der Begräbnisse und die Natur der Strafe werden angesprochen (Proleg. 34). Im III. Buch schließlich geht Grotius auf die Frage ein, was denn im Krieg überhaupt erlaubt sei.

Wenn man an dieser Stelle zuspitzend formulieren darf, so kann man sagen, dass das Werk eine typisch juristische Struktur aufweist: Zunächst werden im I. Buch die (rechtmäßigen) Träger des Krieges angesprochen (die Organe, die Parteien), sodann im II. Buch die möglichen Gegenstände des Krieges (die materiellen Kriegsgründe bzw. Kriegsursachen, der „Gegenstand" des Verfahrens). Zuletzt geht Grotius im III. Buch darauf ein, auf welche Art und Weise ein solcher (naturrechtskonformer) Krieg durchgeführt und abgewickelt werden soll. Wir haben somit Momente des klassischen rechtlichen Verfahrens vor uns: Organ- und Parteistellung, materieller Streitgegenstand sowie Verfahrensablaufvorschriften. Grotius selbst hat in seinen Briefen immer wieder die persönliche Intention seines Hauptwerkes betont, nämlich „jene, nicht bloß Christen, sondern jedes Menschen unwürdige Rohheit, mit der die Kriege willkürlich begonnen und willkürlich geführt werden, und die ich zum Unglück der Völker täglich wachsen sehe, nach meinen Kräften zu mildern" (280. Brief).

In den „Prolegomena" bereits erläutert Grotius sein aufklärerisches Programm: Es geht ihm darum, den Krieg in einen strikt rechtlichen Kontext zu stellen und aus dem sittlich-moralischen Begründungszusammenhang zu befreien. Sicherlich lässt sich nicht leugnen, dass Grotius von der Lehre des gerechten Krieges herkommend argumentiert, „dass der Krieg nicht leichtsinnig und ungerecht begonnen sei und dass er ehrlich geführt werde. Denn Niemand verbindet sich gern mit solchen, welche das Recht und die Treue gering schätzen" (Proleg. 27). Aber seine wiederholten Hinweise auf die Metakonfessionalität des Naturrechts lassen diesen Begründungszusammenhang zusehends schwächer werden.

Im Bereich der klassischen Ausgangsfrage nach dem moralischen Recht zum Kriege bezieht sich Grotius daher zwar noch auf die antike und christliche Tradition, aber sein eigentliches Anliegen ist es, über diesen Status hinauszukommen und die Frage nach dem (juridischen) Recht im Kriege aufzuwerfen. Denn den wahren Humanismus erkennt er in der *Hegung*, der Art und Weise, wie Kriege geführt werden (vgl. im 20. Jahrhundert Carl Schmitts Wort von der „Hegung des Krieges"). In diesem Sinne begreift Grotius Krieg vielmehr als „Zustand" und weniger als individuelle „Handlung": Während (individuelle) Handlung die normative Konnotation der moralischen Bewertung aufweist, ist ein *Zustand* – ähnlich wie es schon bei Cicero vorgedacht wurde – als Prozess, als regelförmiger Verhaltensstandard zu fassen. Diese Standards – also das, was man *ius in bello* nennt – ausführlich darzulegen, ist die Hauptintention des Grotius. Vor diesem Hintergrund sind auch die Ausführungen in der Einleitung, die ebenfalls als Motto für diesen Abschnitt dienen, zu verstehen. Grotius sieht den Krieg als *Rechtsakt*, wenn auch nicht dem positiven Recht eines Staates, sondern „nur" dem Naturrecht (das er als Vernunftrecht versteht) folgend. Der Krieg als zwischenstaatliches Verfahren der Rechtsfindung im Konfliktfall – analog zum Gerichtsprozess als innerstaatliches Verfahren zur Rechtsfindung im Konfliktfall. Solcherart muss es neben dem Recht des Friedens (das bürgerliche Staatsrecht) auch ein Recht des Krieges geben, neben dem *jus civile* auch ein *jus gentium*. Grotius betont daher folgerichtig, dass man auch dem Feind „Unrecht tun könne" (Proleg. 26).

Kriege, so definiert Grotius gleich zu Beginn des I. Buches, sind „Streitigkeiten zwischen Personen, welche durch kein gemeinsames bürgerliches Recht verbunden sind" (I. Buch, I. Kapitel). Letztlich kann, so Grotius weiter, jeder Streitfall sich zu einem Krieg entwickeln (weshalb er im II. Buch das *jus civile* behandelt), um sodann, dem immanenten Zweck jedes Krieges entsprechend, zur Diskussion des Friedens überzugehen. Schon zu Beginn des I. Buches deutet Grotius die gesamte Spannweite seiner Reflexionen an: Er sieht sich – bereits als Denker der frühen Neuzeit – dazu veranlasst, Privatkriege ebenso wie Staatenkriege einem gemeinsamen naturrechtlichen Rahmen zu unterstellen, ein Erfordernis, das offensichtlich nicht erst seit dem Auftreten der modernen PMCs (Private Military Companies) virulent ist. Die klassische Vorschrift einer „gerechten Autorität" (so noch Thomas von Aquin) ist unter den Vorzeichen der neuzeitlichen politischen Entwicklungen nicht mehr aufrechtzuerhalten. Im Ausgleich dazu sieht Grotius gerade in der Betonung des *ius in bello*-Aspekts seine Aufgabe, denn es war dem einzelnen Menschen sowie der Menschheit insgesamt nicht damit gedient, einen Krieg mangels gerechtem Grund (also mangels *ius ad bellum*) in seinem Verlauf und Abschluss *hors de la loi* zu stellen und damit einer hemmungslosen Bestialität auszuliefern. Vielmehr sollte der Krieg als solcher einem bestimmten mäßigenden Verfahrensrahmen unterstellt werden, ohne der Frage seiner eigentlichen materiellen Gerechtigkeit übermäßige Bedeutung beizumessen.

Im III. Kapitel des I. Buches wird die – wieder sehr aktuell anmutende – Unterscheidung von privatem, öffentlichem und gemischtem Krieg durchgeführt. Dabei ist der Ausgangspunkt das naturrechtliche Urrecht auf Selbsterhaltung und folglich Selbstverteidigung. Grotius, der Jurist, betrachtet dieses Recht von der Institutionalisierung von Gerichtsbarkeit aus für die solcherart erfassten Fälle als neutralisiert, aber genauso klar spricht er aus, dass in allen anderen Fällen man zur kriegerischen Gewalt greifen darf, wenn die eigene Rechtsposition existenziell bedroht wird – sei es von privaten Personen oder von öffentlichen Gewalten.

Das II. Buch ist – wie schon erwähnt – der Frage gewidmet, in welchen materiellen Angelegenheiten Kriege geführt zu werden pflegen und naturrechtlicherweise auch geführt werden können. Diese überwiegend juristischen Ausführungen über Eigentum und Persönlichkeitsrechte können an dieser Stelle nicht näher angesprochen werden. Zentral ist aber der Umstand, dass es sich um die Verteidigung von wohlerworbenen Rechten handeln muss, sollen es naturrechtlich zulässige Streitgegenstände sein, die es erlauben, im Falle der bedrohlichen

Bestreitung mit Waffengewalt verteidigt bzw. eingefordert zu werden, wenn keine gerichtliche Durchsetzung der je eigenen Ansprüche zur Verfügung stehen sollte. Für Grotius ist die erlittene Rechtsverletzung zentral für die „Gerechtigkeit" eines Krieges, wobei er u. a. Cicero und Augustinus zitiert, aber deren Rede von der „Gerechtigkeit" verdichtet zum Kriterium der Rechtsverletzung (II. Buch, I. Kapitel, I. Abschnitt, Absätze 3ff.). Er formuliert es so: „So viele es nun Ursachen für die gerichtlichen Klagen gibt, ebenso viel gibt es Ursachen zum Kriege; denn wo die Gerichte aufhören, da beginnt der Krieg" (II. Buch, I. Kapitel, II. Abschnitt, 1. Absatz).

Im folgenden Absatz spricht Grotius dann von den drei grundsätzlichen Rechtsgründen für ein Gerichtsverfahren bzw. einen Krieg: die Verteidigung, die Wiedererlangung des Genommenen und die Bestrafung. Diese drei Ursachen ausführlich unter Entfaltung der Grundlagen des gesamten Naturrechts zu entfalten, ist in der Folge der Inhalt des II. Buches. Zwei besonders wichtige Kapitel seien noch genannt: das XXII. und XXIV. Kapitel, die von den ungerechten und den zweifelhaften Ursachen des Krieges handeln. Hier sei beispielsweise erwähnt, dass Grotius die Rechtsansprüche mit aller Konsequenz durchgesetzt sehen will, aber jegliche Wildheit, Raserei und Wüten unter dem Feind radikal ablehnt. Es geht im Krieg letztlich um eine „Schlacht", nicht um ein „Schlachten", so könnte man diesen Ansatz zusammenfassen. Auch der Präventionskrieg wird von Grotius abgelehnt, denn die alleinige Furcht vor dem Nachbarn gibt noch kein Recht, ihn zu bekämpfen. Dazu muss die moralisch relevante Absicht der Nachbarn hinzukommen, von diesem auch tatsächlich in absehbarer Zeit und Weise angegriffen zu werden (II. Buch, Kapitel XXII, Abschnitt V). Im Kapitel XXIV weist Grotius dann noch darauf hin, warum selbst ein gerechter Grund nicht unbedingt sofort zum Krieg führen sollte.

Im III. Buch nunmehr geht Grotius auf das eigentliche Recht *im* Krieg ein – wenn man so möchte, ist das seine wesentliche Neuerung. Zunächst beschreibt Grotius im I. Kapitel die allgemeinen naturrechtlichen Regeln im Krieg. Seine Erlaubnis erhält im Naturrecht alles, was zur Erreichung des Zwecks erforderlich ist – ich darf etwa einen Angreifer auf alle zur Verfügung stehende Weise davon abhalten, mich zu töten (wenn dies notwendig sein sollte). Interessant ist dabei, dass Grotius dieses Recht zur reaktiven Tötung nicht auf einen „rechtswidrigen" Angriff (im Sinne der Notwehr) beschränkt, sondern das Recht zur Tötung aus dem je eigenen Recht auf Leben ableitet – auch wenn

der Angreifer selbst nicht unrecht handelt! Des Weiteren sieht Grotius
die Wandelbarkeit der legitimierenden Rechtslage im Zuge einer kriegerischen Auseinandersetzung als in der Sache selbst liegend an. Im
IV. Abschnitt des I. Kapitels spricht Grotius das Problem der Nicht-
kombattanten bzw. des „Kollateralschadens" an. Der VI. Abschnitt
hebt mit der Bemerkung an, dass „was das Verfahren anlangt, […] die
Gewalt und der Schrecken zur Natur des Krieges [gehört]. Ob man
aber auch Betrug anwenden darf, ist streitig."

Im Folgenden diskutiert Grotius dann in großer Ausführlichkeit die
Frage von Betrug und List im Kriege. In weiterer Folge geht Grotius auf
die Frage des Rechtsstatus als „Kriegsfeind" ein, also um die formale
Anerkennung, und thematisiert damit die „Satisfaktionsfähigkeit" des
Streitgegners. Grundlage ist dabei, dass Staaten (auf einer rechtlichen
Verfassung beruhende Gemeinwesen) als „feindfähig" anzusehen sind
– wobei ein Konflikt zwischen Cicero und Augustinus von Grotius darin gesehen wird, dass Cicero meint, dass ein Gemeinwesen, das keine
funktionierenden und den Grundprinzipien der Gerechtigkeit entspre-
chenden Institutionen bzw. Strukturen oder Organe aufweist, gar nicht
als „Staat" anzusprechen sei, während Augustinus darauf verweist, dass
auch ein schwer kranker Körper ein Körper bleibe, selbst wenn er mas-
sive Mängel aufwiese. Letztlich findet hier der klassische Diskurs über
„failed states" statt. Im weiteren Verlauf diskutiert Grotius im IV. Kapitel die Frage der Tötung im Krieg und befindet, dass diese wesentlich zum „Recht des Krieges" gehöre und daher – wenn sie im Rahmen
der rechtlichen Grundlagen des Krieges sich ereignet – als legitim zu
betrachten sei. Davon ist zu unterscheiden eine Wiedervergeltung an
anderen als den Kriegsfeinden (zu denen prinzipiell die Untertanen
des feindlichen Herrschers zählen) selbst, ebenso ist die Gewalt gegen
Frauen nicht als „kriegerischer" Akt anzusehen (im Sinne seines Kon-
zepts des Krieges als rechtlich legitimen Verfahrens zur gewaltsamen
Durchsetzung von Rechtsansprüchen, die ihrerseits im Naturrecht „gedeckt" sein müssen), sondern reine Grausamkeit und wilde Rohheit,
die keinesfalls als vom Recht im Krieg gedeckt zu betrachten ist. In diesem Sinne diskutiert Grotius auch die sehr aktuelle Frage, welche Arten
von Waffen rechtmäßig in einem Krieg zum Einsatz gelangen dürfen.

Obwohl viele dieser „prozeduralen" Überlegungen des Grotius nahe
an der Grenze zum Zynismus verlaufen, wird man es sich in diesem
Felde nicht ersparen können, über „zulässige" und „unzulässige" Dimensionen der Gewaltausübung bis hin zur Tötung zu reflektieren.

Die unterschiedslose Verdammung jeder Form von Gewalt hat nur zur Folge, dass die Verdammten widerstandslos obsiegen. Dieses Umstands muss man sich bei der Lektüre dieser Passagen stets bewusst bleiben, um dem Autor und seinem Anliegen gerecht werden zu können. Die folgenden Kapitel (XI–XVI) behandeln daher auch das, was man Ansätze zu einem humanitären Kriegsvölkerrecht nennen könnte. Nach zwei kurzen Kapiteln über die Neutralen und die Privatpersonen kommt Grotius in Kapitel XIX auf ein zentrales Thema zu sprechen: „Über Treu und Glauben, welche man dem Feinde schuldig ist". Obwohl es zulässig sein kann, den Feind im Krieg zu täuschen, ist es doch – und Grotius führt sehr viele übereinstimmende Urteile dazu an, auch von Cicero und Augustinus – etwas anderes, sein Versprechen, sein Wort auch dem Feind gegenüber zu halten. Augustinus etwa weist darauf hin, dass auch der Feind nicht aufhört, ein Mensch zu sein, weshalb ihm gegenüber das gegebene Wort einzuhalten ist. Denn die Treue ist älter als der Krieg und eine Grundlage jeglichen menschlichen Verkehrs untereinander, der die Bezeichnung „zivilisiert" verdient.

Die letzten Kapitel des III. Buches (XX–XXIV) handeln sodann von den Friedensverträgen. Diese Verträge sollen das „Rechtsverfahren" Krieg beenden in dem Sinne, dass jedem das Seinige nun auch tatsächlich zukomme, wenn er einen gerechten Krieg geführt hat. Als Leitfaden für die Gestaltung von Friedensverträgen kann gelten: „Denn es ist heilsam anzunehmen, dass durch das Abkommen aller Anlass zum Kriege aufgehoben sein soll. Dionys von Halicarnass sagt: ‚Man muss nicht bloß daran denken, dass die Feindschaft für die Gegenwart beendet werde, sondern dass man auch nicht in neue Kriege verwickelt werde; denn man vereinigt sich nicht, um die Übel zu verschieben, sondern um sie zu beseitigen'" (III. Buch, Kapitel XX, Abschnitt XIX). Mit dem Kapitel XXV („Schluss, nebst einer Ermahnung zur Treue und zum Frieden") endet das III. Buch, in dem Grotius nochmals ausspricht, dass er nur ein Fundament gelegt habe, auf dem andere ein schöneres Werk errichten mögen – eine demütige Aufforderung im Angesicht der zeitlosen Schrecken des Krieges, der ebensolche Geltung zukommt!

Spinoza – Krieg und Vernunftrecht

Ein Gemeinwesen steht also so weit unter eigenem Recht,
wie es für sich selbst sorgen und sich vor Unterdrückung durch
ein anderes Gemeinwesen schützen kann; es ist so weit fremdem
Recht unterworfen, wie es die Macht eines anderen Gemeinwesens
fürchtet oder wie es von ihm an der Ausführung der eigenen
Absichten gehindert wird oder schließlich wie es für die eigene
Erhaltung oder auch das eigene Wachstum auf dessen Hilfe
angewiesen ist.
Tract. Pol. III, § 12

Wenn demnach ein Gemeinwesen einem anderen den Krieg
erklären, d. h. auf die äußersten Mittel zurückgreifen will,
um es dem eigenen Recht zu unterwerfen, dann ist es ihm
erlaubt, dies zu Recht zu wagen, reicht ihm doch zum
Kriegführen, dass es den Willen dazu hat. [...] Folglich gehört
das Recht, Krieg zu führen, zum Recht eines jeden isolierten
Gemeinwesens [...].
Tract. Pol. III, § 13

Bios: Zwischen Universalität und Einsamkeit

Baruch de Spinoza (1632–1677) ist eine Lichtgestalt im Rahmen der europäischen Aufklärungsphilosophie. Hegel ermahnt jeden, der mit dem Studium der Philosophie anfangen möchte (*arché*), dies mit dem Denken Spinozas zu unternehmen, um solcherart den Kopf frei zu bekommen für die Radikalität der Vernunft. Der weltgeschichtliche Hintergrund seines kurzen, sehr zurückgezogenen Lebens war die Endphase des 80-jährigen Krieges, der von 1568–1648 andauerte und mit dem Westfälischen Frieden schloss. Mit diesem Frieden hatte die aus der Utrechter Union (1579) erwachsende protestantische Republik der Vereinigten Niederlande (= heutige Niederlande) unter Trennung von den unter spanischer Herrschaft verbleibenden katholischen Spanischen Niederlanden (= heutiges Belgien) endgültig im neuen europäischen Staatenkonzert ihren Platz gefunden. Die letzte Phase des Lebens von Spinoza war geprägt vom (unter gesamteuropäischer Beteiligung geführten) Krieg zwischen den Niederlanden und Frankreich (1672–1679). Man kann also sagen, dass über die Hälfte seines kurzen Lebens Spinoza in – seine unmittelbare Lebenswelt betreffender – globaler Kriegszeit gelebt hat, einer Zeit, die nicht nur den Untergang Spaniens und den Aufstieg Frankreichs sichtbar machte, sondern auch die erste erfolgreiche republikanische Staatsform auf europäischem Boden verzeichnete.

Spinozas philosophisches Leitmotiv – geprägt von seiner totalen persönlichen Isolation, sowohl in der jüdischen Gemeinde als auch in der calvinistischen Öffentlichkeit der Niederlande – ist entscheidend für das Verständnis seiner Philosophie: „Nachdem die Erfahrung mich gelehrt hat, dass alles, was im täglichen Leben sich gewöhnlich ereignet, nichtig und wertlos ist, und da ich sah, dass alles, vor dem ich mich fürchtete und das ich fürchtete, nicht etwas Gutes oder Schlechtes in sich selbst enthielt, sondern nur insofern, als das Gemüt davon bewegt wurde, so beschloss ich endlich zu erforschen, ob es irgendetwas gäbe, das ein wahres Gut sei, dessen man teilhaftig werden könne und von dem allein, unter Zurückweisung alles anderen, das Gemüt erfüllt werde; ja, ob es etwas gäbe, durch das ich, wenn es von mir entdeckt und erlangt wird, eine beständige und höchste Freude auf ewig genießen könnte" (Tract. Intellectus Emandatione 7).

Entgegen der allgemeinen Ansicht war Spinoza aber nicht ein völlig apolitischer Mensch – ganz im Gegenteil: Zwei seiner wichtigsten Schriften, der „Tractatus Theologico-Politicus" sowie der „Tractatus Politicus", zeugen von seinem hochgradig politischen Bewusstsein. Spinoza war – im Lichte der gesellschaftlichen Spannungen innerhalb der Vereinigten Niederlande – auf Seiten des liberal-progressiven Jan de Witt und daher ein erbitterter Gegner der calvinistisch-reaktionären Oranier. Sein Engagement für die Sache des politischen Liberalismus in den Niederlanden hatte weitreichende Auswirkungen auf seine politische Philosophie. Der frühere „Tractatus Theologico-Politicus" ist von seiner Anlage her eher im Sinne von Platons „Politeia" zu verstehen: als die ideal-reale Konzeption eines auf öffentlichem Vernunftgebrauch beruhenden liberal-demokratischen Gemeinwesens. Das „Goldene Zeitalter" der Niederlande unter de Witt, das seinen Erfolg – so Spinoza – seiner hochgradigen „Vernünftigkeit" zu verdanken hat, findet im Schock des Katastrophenjahres 1672 – Ermordung der liberalen Brüder de Witt, Kriegserklärung von Frankreich sowie auch Englands und deutscher Rheinstädte gegen die liberalen Niederlande – sein abruptes Ende. Von dieser erschütternden Entwicklung tief getroffen, greift eine wesentlich „realistischere" Sichtweise des Politischen im späteren „Tractatus Politicus" (darin eher den plato-

nischen „Nomoi" folgend) Platz: Es geht jetzt nur mehr um eine rea-
listisch-pragmatische institutionale Absicherung der Möglichkeit des
Gebrauchs von Vernunft und damit der Freiheit unter der Bedingung
allgemeinen öffentlichen Affektgebrauchs (also selbst bei einem „Volk
von Teufeln") – Spinoza geht also jetzt vom Ansatz Machiavellis und
Hobbes aus. 1676 wird Spinoza noch von Leibniz besucht (berühmte
„Substanzdebatte"), Anfang 1677 verstirbt Spinoza an seiner chro-
nischen Lungenkrankheit. Seine Werke waren verboten oder gar nicht
zur Veröffentlichung gelangt.

Logos: Zwischen Affekt und Ethik

Ausgangspunkt der fundamentalen Kritik des Spinoza ist, im Fokus
seines persönlichen „Wissenschaftsprogramms", in geradezu faustisch
zu nennender Anstrengung alles ans Licht des Tages zu bringen, was
in Wahrheit die Menschen umtreibt: „Dasjenige nämlich, worin es im
Leben meistens geht und was unter den Menschen, wie ihre Taten zei-
gen, als sozusagen höchstes Gut eingeschätzt wird, lässt sich auf diese
drei Dinge zurückführen: nämlich auf Reichtum, Ehre und Genusssucht" (Tract. Intellectus Emandatione 7). Solcherart weist Spinoza im
Lichte seines Rationalismus auf die affektualen Tiefenschichten der
menschlichen Motivation hin: aus Reichtum wird Gier, aus Ehre wird
Ruhmsucht – und Genusssucht wird letztlich zur Unlust.

Spinoza übt daran keine moralisierende Kritik, sondern er versucht,
den Menschen so zu erkennen, wie er seiner recht verstandenen (Ver-
nunft-)Natur nach ist: Dieser seiner Natur nach ist der Mensch – nach
Spinoza – weder Engel noch Teufel, sondern schlicht ein Teil der Natur,
deren Gesetzmäßigkeiten er unterworfen ist. Spinoza erkennt daher
im Kern die Affektgeleitetheit des Menschen, was allerdings nicht zu
seiner völligen Determinierung und damit Unfreiheit führt: Im Gegenteil, Freiheit lässt sich – schon bei Spinoza – als Rebellion gegen
die umgreifende Notwendigkeit fassen, der der Mensch als integraler
Bestandteil von Natur (im emphatischen Sinne) unterliegt. Methodisch
erfolgt diese „Befreiung" in der Selbsterkenntnis, der Erkenntnis gerade dieser „Natur" des Menschen als Bestandteil der all-einen Natur,
jener Gesamtsubstanz, der sich gerade auch die Befähigung zur Affekt
entlarvenden Selbsterkenntnis verdankt. Man kann daher mit Spinoza
das „falsche" Bewusstsein kritisieren und die „Knechtschaft" von Affekten und den mit ihnen verbundenen inadäquaten Ideen durch ra-

dikale Vernünftigkeit überwinden, wie ein Interpretament lautet, das der bekannte Leipziger Philosophiehistoriker Helmut Seidel (1994) in Anlehnung an die russische Spinoza-Forschung (Ewald Wassiljewitsch Iljenkow) in seiner Einführung zu Spinoza vorschlägt.

Wie Spinoza in seiner Metaphysik von Bruno und Descartes aus- und über diese sogleich hinausgeht, so geschieht es in seiner politischen Philosophie. Hier geht Spinoza von Machiavelli und Hobbes aus, jedoch sogleich über diese hinaus. Der Staat ist begründet im zerstörerischen Antagonismus der (modalen) Individuen, die, von Affekten getrieben, nicht imstande sind, die wahren Gesetze der Natur und damit die Grundlagen ihrer Freiheit zu erkennen. Doch im Gegensatz zum (ideologisch-einseitigen) Hobbes geht es im Staat von Spinoza nicht um bloße Friedenssicherung als Sicherung der Selbsterhaltung des Einzelnen, sondern auch um Freiheitssicherung (was notwendig ist, soll ein Modus-Staat in der „Wahrheit" der Gott-Substanz stehen) im Lichte des gelingenden Lebens im Zeichen der menschlichen Vernünftigkeit: Jeder soll denken, was er will, und jeder soll sagen dürfen, was er frei gedacht hat – das ist neu und der Kern jener bürgerlichen Freiheit, auf welcher auch noch Kant seinen Republikanismus gründen wird.

Um in diesem Sinne die Macht des Staates zu beschränken, spricht sich schon Spinoza für ein System der wechselseitigen Kontrolle aus. Im Gegensatz zu Hobbes ist die Übertragung der natürlichen Rechte an den Souverän nicht auf Dauer, sondern kann – auch vom (noch) machtvollen Staat – zurückgefordert werden, wenn es die naturgesetzliche Selbsterhaltung fordert. Ebenso wie der Einzelne muss auch der Staat als Ganzheit seiner Bürger seine internationalen Verpflichtungen nur dann einhalten, wenn diese für ihn von Nutzen sind, denn die Selbsterhaltung ist das wahre Gesetz der Natur, dem man nicht zuwiderhandeln darf, will man nicht in Irrtum verfallen.

Es liegt daher in der zwingenden Natur des Menschen begründet, dass er sich zu einem größeren Verein zusammenschließt, wenn er sich daraus größeren Nutzen und nur geringeren Schaden erwartet: Gesteigerte Sicherheit durch Machtvervielfachung ist der Kern von Staatlichkeit. Grundlegend sind dabei die Einsichten der „Ethik more geometrico" in das ungeschminkte Wesen des Menschen, die Spinoza kurz wie folgt zusammenfasst (Tract. Pol. I, § 5): „Das ist aber gewiss, und in unserer ,Ethik' haben wir seine Wahrheit erwiesen: Menschen sind notwendigerweise Affekten unterworfen und so verfasst, dass sie die Unglücklichen beklagen und die Glücklichen beneiden, dass sie mehr zur Rache als zum Mitgefühl neigen, dass außerdem jeder danach trachtet, dass die anderen nach seiner Sinnesart leben, nämlich billigen, was er selber billigt, und verwerfen, was er selber verwirft. So kommt es, dass, weil alle gleichermaßen danach streben, an vorderster Stelle zu stehen, die Menschen in Konflikt miteinander geraten und dabei, soweit sie können, sich gegenseitig zu unterdrücken trachten; und wer als Sieger daraus hervorgeht, prahlt mehr damit, andere geschädigt als sich selbst gefördert zu haben."

Daraus folgt die Notwendigkeit einer sehr anspruchsvollen institutionellen Ausgestaltung von Staatlichkeit, wie die folgende Passage, die man auch als Programmschrift für die Staatslehre Fichtes nehmen kann, ersichtlich macht (Tract. Pol. I, § 6): „Ein Staat also, dessen Wohlergehen von der Redlichkeit irgendeines Menschen abhängt und dessen Geschäfte nur richtig besorgt werden können, wenn die damit Betrauten bereit sind, redlich zu handeln, wird keineswegs stabil sein. Die Geschäfte des Staates müssen vielmehr, damit er Bestand haben kann, so geordnet sein, dass diejenigen, die sie verwalten, seien sie dabei von der Vernunft oder von einem Affekt geleitet, gar nicht dahin gebracht werden können, sich unredlich zu geben oder schlecht zu handeln. Für die Sicherheit des Staates ist es ohne Belang, welche Gesinnung Menschen veranlasst, ihre öffentlichen Angelegenheiten richtig zu verwalten, wenn sie sie nur richtig verwalten. Denn die Freiheit der geistigen Haltung, d. h. die Standhaftigkeit des Charakters, ist eine Privattugend; die Tugend des Staates hingegen ist die Sicherheit." Damit macht Spinoza auch klar, wie sich Freiheit und Sicherheit zueinander verhalten – die Urfrage jeder politischen Philosophie.

Aber wie weit steht ein Mensch überhaupt unter eigenem Recht, ist als souverän und selbständig anzusehen? Spinoza (Tract. Pol. II, §§ 9f.) spricht dazu die entscheidenden Worte: „Außerdem folgt daraus, dass jeder so lange unter dem Recht eines anderen steht, wie er unter dessen Gewalt steht, und dass er nur so weit unter eigenem Recht steht, wie er alle Gewalttätigkeit zurückweisen und einen ihm zugefügten Schaden nach eigenem Gutdünken vergelten kann, d. h. uneingeschränkt formuliert, wie er nach seiner eigenen Sinnesart leben kann. Derjenige hat einen anderen in seiner Gewalt, der ihn gefesselt hält, der ihm die Waffen und die Mittel, sich selbst zu verteidigen oder auch zu fliehen, genommen hat, der ihm Furcht eingeflößt hat oder der ihn durch eine Belohnung so für sich gewonnen hat, dass er lieber ihm als sich selbst willfahren, d. h. lieber nach dessen als nach der eigenen Ansicht leben will." Damit ist argumentativ der Weg geebnet für eine Philosophie des Krieges – verstanden als eine Philosophie der vernünftigen Selbstbehauptung im Bereich der internationalen Beziehungen.

Polemos: Zwischen Vernunft und Recht

Spinozas teilweise revolutionäre Gedanken zum Krieg, die für ihn – anders als etwa für Grotius – nicht im Zentrum seiner Philosophie stehen, hat er im Kapitel III des „Tractatus Politicus" unter dem Titel „Von dem Rechte des Staates" ausgeführt. Bevor man aber zur Darstellung der Gedanken des Spinoza zum Krieg schreiten kann, ist das dafür zentrale Argument Spinozas nochmals in den Blick zu nehmen – die Rede vom je eigenen Recht, die Spinoza (Tract. Pol. II, § 11) ausführt: Ein Mensch lebt nur dann unter eigenem Recht, wenn er sich „in höchstem Maß" von der Vernunft leiten lässt. Analoges gilt laut Spinoza auch für ein Gemeinwesen, den Staat. Er sagt dazu, dass „dasjenige Gemeinwesen im höchsten Maße über Macht verfügt und unter eigenem Recht steht, das auf der Vernunft sich gründet und dadurch sich regiert. Da nun die beste Lebensweise, um sich so weit wie möglich selbst zu erhalten, diejenige ist, die sich auf die Vorschrift der Vernunft stützt, handelt folglich ein Mensch oder ein Gemeinwesen dann am besten, wenn er oder es dabei im höchsten Maße unter eigenem Recht steht" (Tract. Pol. V, § 1). Diese Vorbemerkung ist sehr wichtig für das Verständnis des Kriegsbegriffs von Spinoza.

Wie auch in seiner sonstigen Staatsphilosophie erweist sich Spinoza in dieser Frage ebenfalls als diametraler Gegenpol zum empiristischen Thomas Hobbes, obwohl auch er – im „Tractatus Politicus" – die Sicherheit in den Mittelpunkt seiner politisch-philosophischen Überlegungen stellt (und nicht mehr, wie im „Tractatus Theologico-Politicus", die Freiheit). Da aber beide Phänomene Momente des Vernunftbegriffs darstellen, lassen sich beide aufeinander zurückführen, worin die eigentliche Faszination Spinozas im Bereich der politischen Philosophie liegt. In diesem Sinne ist auch Spinozas Reflexion zu verstehen, wenn er davon spricht, dass Frieden eben „nicht die Abwesenheit von Krieg [ist], sondern eine Tugend, die einer Stärke des Charakters entspringt" (Tract. Pol. V, § 4).

Doch damit der Kritik an Hobbes (der unter Frieden im Wesentlichen nur die Abwesenheit von Krieg versteht) noch nicht genug. Spinoza führt sogleich weiter aus: „Wenn wir also sagen, jener Staat sei der beste, in dem die Menschen ihr Leben in Eintracht verbringen, dann verstehe ich unter menschlichem Leben etwas, das nicht bloß durch den Blutkreislauf und andere [physiologische] Funktionen, die allen Lebewesen gemeinsam sind, sondern in erster Linie durch die Vernunft definiert ist, die eine Tugend des Geistes ist und das wahre [menschliche] Leben [ausmacht]" (Tract. Pol. V, § 5). Ebenso: „So dient es der Sklaverei und nicht dem Frieden, alle Gewalt einem Einzigen zu übertragen: Denn der Frieden besteht, wie schon gesagt, nicht in einer Abwesenheit von Krieg, sondern in der Einheit oder Eintracht einer geistigen Haltung" (Tract. Pol. VI, § 4). Damit ist klar, dass Spinoza einen substanziellen Friedens- und Lebensbegriff hat, der weit darüber hinausgeht, in vulgäraufklärerischer Weise auf reine (seien es soziale oder physiologische) Funktionalitätszusammenhänge abstellt. Es geht nicht um äußerliche Form, sondern um Substanz, für die Vernunft bei Spinoza ja letztlich immer steht.

Zum Abschluss seiner Reflexionen über den Krieg – die hier an deren Anfang gestellt werden soll – führt Spinoza zum wiederholten Male das Grundprinzip seiner Überlegungen an, die Grundlage dessen, was Vernünftigkeit gebietet: „Damit ich aber den Leitfaden der Untersuchung künftighin nicht so oft verlassen und Einwände dieser Art zurückweisen muss, will ich daran erinnern, dass ich dies alles aus einem notwendigen Element der menschlichen Natur erwiesen habe, wie immer man sie betrachten mag, nämlich aus dem allgemeinen Selbsterhaltungsstreben aller Menschen, aus einem Streben, das allen Menschen innewohnt, mögen sie töricht oder weise sein. Deshalb wird der zu erweisende Sachverhalt derselbe sein, ob man nun die Menschen als von der Affektivität oder von der Vernunft geleitet ansieht, gilt doch der Beweis, wie gesagt, allgemein" (Tract. Pol. III, § 18).

Den Auftakt seiner solcherart vernunftgeleiteten Kriegsreflexion bildet Spinozas Auseinandersetzung mit dem Naturzustand. Da das Recht des Souveräns eines Staates nichts anderes als das Recht der Natur ist, verhalten sich zwei Staaten zueinander so wie zwei Menschen im Naturzustand. Der einzige essenzielle Unterschied ist derjenige, dass Menschen auf Dauer im Naturzustand nicht als freie, unter eigenem Recht stehende Vernunftwesen bestehen können, Staaten aber schon: „Denn weil das Recht des Souveräns nichts als eben das Recht der Natur ist, verhalten sich zwei Staaten so zueinander wie zwei Menschen im Naturzustand, bloß dass ein Gemeinwesen sich vor der Unterdrückung durch ein anderes selbst schützen kann, was ein Mensch im Naturzustand nicht kann, braucht dieser doch täglich Schlaf, ist häufig Krankheit oder Kummer ausgesetzt, muss am Ende das Alter ertragen und ist darüber hinaus noch anderen Beschwerden unterworfen, vor denen ein Gemeinwesen sich selbst schützen kann" (Tract. Pol. III, § 11).

Der entscheidende Ansatz Spinozas ist daher das Erfordernis für ein Gemeinwesen (wie ja auch für den einzelnen Menschen, der in seiner vernunftbestimmten Individualität ja die Substanz des Gemeinwesens ausmacht), unter eigenem Recht zu stehen, d. h. für sich selbst sorgen zu können und sich vor Unterdrückung durch ein anderes Gemeinwesen schützen zu können. Wenn dies nicht vorliegt, verliert ein Gemeinwesen seine Souveränität – dann steht es nicht mehr unter eigenem Recht, womit es auch seinen Bürgern diese Rechtsstellung nicht länger bieten kann und damit seine Existenzberechtigung als Staat verliert: „Ein Gemeinwesen steht also so weit unter eigenem Recht, wie es für sich selbst sorgen und sich vor Unterdrückung durch ein anderes Gemeinwesen schützen kann; es ist so weit fremdem Recht unterworfen, wie es die Macht eines anderen Gemeinwesens fürchtet oder wie es von ihm an der Ausführung der eigenen Absichten gehindert wird oder schließlich wie es für die eigene Erhaltung oder auch das eigene Wachstum auf dessen Hilfe angewiesen ist" (Tract. Pol. III, § 12).

Die typisch platonische Analogie im Verhältnis Mensch und Gemeinwesen wird von Spinoza noch weiter ausgeführt; zwei Gemeinwesen sind nämlich im Naturzustand ebenso Feinde wie zwei Menschen: „Noch klarer lässt sich dies verstehen, wenn man bedenkt, dass zwei Gemeinwesen von Natur aus Feinde sind; Menschen sind nämlich im Naturzustand Feinde; diejenigen, die außerhalb der Grenzen des Gemeinwesens am Recht der Natur festhalten, bleiben also Feinde. Wenn demnach ein Gemeinwesen einem anderen den Krieg erklärt, d. h. auf die äußersten Mittel zurückgreifen will, um es dem eigenen Recht zu unterwerfen, dann ist es ihm erlaubt, dies zu Recht zu wagen, reicht ihm doch zum Kriegführen, dass es den Willen dazu hat. In Angelegenheiten des Friedens kann es aber ohne den zustimmenden Willen des anderen Gemeinwesens keine Entscheidungen treffen. Folglich gehört das Recht, Krieg zu führen, zum Recht eines jeden isolierten Gemeinwesens, das Recht, Frieden zu beschließen, aber nicht zu dem von bloß einem, sondern von wenigstens zwei Gemeinwesen, die deshalb ‚Alliierte' heißen" (Tract. Pol. III, § 13).

Wovon sich Spinoza in diesem Zusammenhang völlig gelöst hat, sind sämtliche Fragen im Zusammenhang mit der Gerechtigkeit von Kriegen: Weder geht es ihm darum, die Gerechtigkeit im Sinne der antiken Lehre Platons, Ciceros oder Augustinus zu thematisieren, noch kann er sich mit der naturrechtlichen Wertordnung seines Landsmannes Hugo Grotius anfreunden. Auch die Frage nach dem bloßen „Recht zum Kriege" oder „Recht im Kriege" ist für Spinoza eine bloße Option, die in ihrer normativen Existenz in der Verfügungsfreiheit des einzelnen Gemeinwesens liegt, das nach Spinoza zum Notwendigen frei ist im Lichte der vernünftigen Selbsterhaltung. In Spinoza ist die klassische Lehre vom *legitimen Krieg* endgültig zu ihrem Ende gekommen, selbst die Konzeption des *legalen Krieges* ist für Spinoza keine zentrale Option mehr. Es geht ihm nur mehr um das Überleben als Gemeinwesen im Lichte der vernünftig-liberal-demokratischen Selbsterhaltung unter eigenem Recht. Diese stringente Härte des Denkens macht Spinoza zwar nicht unbedingt „sympathisch", aber ungemein „modern".

Für Spinoza ist daher die Frage, wie ein Krieg endet, von entscheidender Bedeutung, geht es doch in einem vernünftigen Krieg stets nur um den anschließend zu vereinbarenden vernünftigen Frieden – wenn man so möchte, ist ein Krieg ja nur so „gut" wie der Friede, der ihm folgt, wobei man nicht vergessen darf, was für Spinoza „Vernünftigkeit" bedeutet im Bereich des Politischen: die grenzenlose Durchsetzung des Rechts auf Selbstbehauptung. Spinoza spricht daher in der Folge die Wahrheit der internationalen Beziehungen klar aus: Es kann kein Vertrauen herrschen, Treue ist keine internationale Kategorie, wenn es die Vernünftigkeit erfordert. Damit grenzt er sich vom „Optimismus" seines Landsmannes Hugo Grotius ab, der noch davon ausgegangen war, dass sich die internationalen Beziehungen nicht gänzlich ohne Treue und Vertrauen gestalten lassen.

Man kann nicht behaupten, dass Spinoza sich nicht auch Gedanken über die Bedingungen der Möglichkeit nachhaltiger Friedlichkeit gemacht hätte – analog zum Bereich des Menschen, der dem Naturzustand entkommen möchte durch Vergesellschaftung bzw. Vergemeinschaftung möglichst aller Teilnehmer am Naturzustand, gibt es auch im internationalen Bereich einen Umschlag von Quantität in Qualität: Es kommt nämlich für die Stabilität einer vernünftigen Friedensallianz im Wesentlichen darauf an, wie viele Gemeinwesen daran beteiligt sind (Tract. Pol. III, § 16): „Je mehr Gemeinwesen zusammen einen Friedensvertrag schließen, umso weniger ist jedes einzelne von den übrigen zu fürchten, anders formuliert, umso weniger Gewalt hat es, Krieg gegen die anderen zu führen; es ist vielmehr umso mehr gehalten, die Friedensklauseln zu respektieren, was heißt, dass es umso weniger unter eigenem Recht steht und deshalb umso mehr gehalten ist, sich dem gemeinsamen Willen der Alliierten zu beugen."

Im Lichte der bisherigen Bemühungen um die Gerechtigkeit des Krieges bzw. im Kriege muss diese Position Spinozas äußerst desillusionierend sein – man wird nicht umhin können, in seiner strengen Deduktion des Kriegsbegriffs aus dem Prinzip der einen Vernunft heraus mehr als nur eine Theorie von vielen zu sehen. Es sollte die Zukunft weisen, dass seiner rationalistischen Vernunfttheorie ein hohes Maß an trauriger Realität zukommt.

Kant – Krieg und Völkerrecht

> *Im natürlichen Zustande der Staaten ist das Recht zum Krieg*
> *die erlaubte Art, wodurch ein Staat sein Recht gegen einen anderen*
> *Staat verfolgt, nämlich wenn er von diesem sich lädiert glaubt,*
> *durch eigene Gewalt: weil es durch einen Prozess in jenem*
> *Zustande nicht geschehen kann.*
>
> **Metaphysik der Sitten (MdS) § 56**

> *Was ist aber nun nach Begriffen des Völkerrechts, in welchem*
> *wie überhaupt im Naturzustande ein jeder Staat in seiner eigenen*
> *Sache Richter ist, ein ungerechter Feind? Es ist derjenige, dessen*
> *öffentlich (es sei wörtlich oder tätlich) geäußerter Wille eine*
> *Maxime verrät, nach welcher, wenn sie zur allgemeinen Regel*
> *gemacht würde, kein Friedenszustand unter Völkern möglich,*
> *sondern der Naturzustand verewigt werden müsste.*
>
> **MdS § 60**

Bios: Zwischen Ruhe und Ordnung

Immanuel Kant (1724–1804) war der wohl bedeutendste Philosoph der Neuzeit und stellt einen Wendepunkt im philosophischen Denken dar. Geboren im preußischen Königsberg, verließ er zeit seines Lebens seine Heimatstadt nicht und führte dort ein bekanntermaßen überaus diszipliniertes Leben, das sich durch äußerste Regelmäßigkeit

auszeichnete. Politisch war die erste Phase seines Lebens von friede-
rizianischer Aufgeklärtheit geprägt. Im Jahre 1786 gelangte allerdings
Friedrich Wilhelm II. (der Neffe Friedrichs des Großen) an die Macht
und kehrte zu einer restriktiven klassischen Kabinettspolitik zurück,
was für einige Zeit in Preußen die Errungenschaften der Aufklärung
Friedrichs des Großen wieder rückgängig machte.

Die erste Lebenshälfte Kants stand unter dem Eindruck des Sieben-
jährigen Krieges (1756–1763), die zweite Lebenshälfte Kants war geprägt von der Französischen Revolution 1789 und den darauffolgenden
Kriegen (bis zu seinem Tod). Vor allem das militärische Geschehen im
Osten lenkte Preußen von den Geschehnissen im Westen nicht unwesentlich ab: Zwischen Preußen und Russland kam es zu Kampf, man
einigte sich auf eine weitere Teilung Polens – eine Entwicklung, die
letztlich zu einem flächenmäßig großen und homogenen, aber national uneinheitlichen Preußen geführt hat. Auf der anderen Seite hat
Friedrich Wilhelm II. die französische Front (trotz eines Sieges bei
Mainz 1793) vernachlässigt und sich am 5. April 1795 mit Frankreich
auf einen Neutralitätsfrieden geeinigt.

In diesem Jahr (zwei Jahre nach Ende des Wöllner'schen Religions-
ediktes) verfasste Kant seine Schrift „Zum ewigen Frieden", weitere
zwei Jahre später – im Rahmen seiner „Metaphysik der Sitten" (1797) –
entstand seine Lehre vom Kriegs- und Völkerrecht. Es war dies das
Todesjahr Friedrich Wilhelms II. Sein Sohn Friedrich Wilhelm III.
setzte die zögerliche Neutralitätspolitik Preußens gegenüber Frankreich
fort und trug so mittelbar zum Untergang des Heiligen Römischen
Reiches Deutscher Nation bei. Kant sollte dies allerdings nicht mehr
erleben. Er starb 1804, zwei Jahre vor den Schlachten bei Austerlitz und
Jena.

Logos: Zwischen Kritik und Kategorialität

Kants philosophisches Anliegen besteht darin, französischen Rationalismus und englischen Empirismus zu versöhnen und damit aus
ihrer jeweiligen Einseitigkeit herauszuführen. Er nimmt damit eine
Funktion wahr, die auch schon der späte Platon des „Parmenides" und
„Sophistes" verfolgt hat – die Überwindung einer schlechten Zwei-
Welten-Lehre von (statischem) Idealismus und (statischem) Realismus. Die (dynamisch-dialektische) Wahrheit liegt in der Vermittlung
dieser beiden Positionen, die in der Neuzeit als Rationalismus und

Empirismus erneut aufgetreten sind (in Frankreich vom mittleren Platon und in England von dem diesen Platon kritisierenden Aristoteles inspiriert).

Kant löst diesen „Widerspruch" von Idealismus/Rationalismus (allein die sich der Vernunft erschließende Idee ist wahr) und Realismus/ Empirismus (allein die sich den Sinnen erschließenden Gegenstände sind wahr) durch seinen transzendentalphilosophischen Ansatz der wechselseitigen Bezüglichkeit auf: Sinnliche Anschauungen ohne rationale Begriffe sind blind, rationale Begriffe ohne sinnliche Anschauungen sind leer. Auf diese Weise konzipiert Kant (in seinen drei „Kritiken") erstmals klare begriffliche Strukturen der Philosophie: Man vermag jetzt zu unterscheiden zwischen Verstand, Vernunft und Urteilskraft, zwischen Denken, Erkennen und Urteilen etc. Für unseren Zusammenhang ist entscheidend, dass Kant – aus der Kritik der reinen praktischen Vernunft heraus – eine transzendentale Konzeption von Autonomie vertritt, die im Lichte des kategorischen Imperativs Freiheit und Verantwortung des Menschen apriorisch als notwendigen Vernunftbegriff fasst und nicht länger der empirischen Erkennbarkeit aussetzt. Das Recht dient vor dem Hintergrund dieses Autonomieverständnisses der institutionellen Ermöglichung des Vollzugs, der Konkretisierung dieser Autonomie. Solcherart ist ein adäquater Zustand zwischen autonomen Menschen regelmäßig ein Rechtszustand (und nicht ein Naturzustand), der geprägt ist von der institutionalisierten wechselseitigen Anerkennung der gleichen Freiheit aller Bürger.

Im Rahmen seiner „Metaphysik der Sitten" von 1797 geht Kant jetzt dazu über, dieses Rechtsverhältnis zwischen den Menschen auf drei Ebenen näher zu bestimmen: auf der Ebene des Staatsrechts, des Völkerrechts und des Weltbürgerrechts. In der Sphäre des Völkerrechts kommt Kant auf den Krieg zu sprechen.

Polemos: Zwischen Naturzustand und Rechtsverhältnis

Kants Theorie des Kriegsrechts findet sich hauptsächlich in seiner „Metaphysik der Sitten" (MdS §§ 53–60). In § 53 führt er aus, was er unter „Völkerrecht" versteht: das Recht der Staaten zueinander im Naturzustand der internationalen Beziehungen, den Kant gleicherweise als „natürliche Freiheit" wie als „beständigen Krieg" bezeichnet. Dieser Kriegszustand erfordert die Darlegung des Rechts *zum* Krieg, des Rechts *im* Krieg und des Rechts *nach* dem Krieg.

Als „Elemente des Völkerrechts" bezeichnet Kant sohin in § 54 vier Aspekte: Erstens geht es um das Verhältnis der Staaten im Naturzustand, der ein nicht rechtlicher Zustand ist. Des Weiteren spricht Kant den Umstand an, dass dieser Naturzustand ein Zustand des Krieges ist, in dem nicht das Recht des Gerechteren, sondern das Recht des Stärkeren gilt. Dieser Kriegszustand ist ein latenter, kein stets akuter heißer Konflikt, der täglich auf dem Schlachtfeld ausgetragen wird; es ist vielmehr ein Zustand ständiger potenzieller Hostilität. Dieser Zustand ist in sich ungerecht, also nicht dem Recht bzw. der Gerechtigkeit entsprechend, obwohl in diesem Zustand den daran beteiligten Staaten nicht unbedingt selbst Unrecht geschehen muss.

Für Kants Rechtstheorie paradigmatisch ist der Ansatz, dass man – sei es als Einzelmensch gegenüber anderen Menschen, sei es als Staat gegenüber den Nachbarstaaten – bei Erfüllung der republikanischen Grunderfordernisse (Rechtsidee) einen gleichsam urrechtlichen Anspruch darauf hat, mit den anderen Menschen bzw. Staaten in einem rechtlichen Verhältnis wechselseitiger Anerkennung zu leben. Der nächste Schritt besteht laut Kant in der Gründung eines Völkerbundes auf Grundlage einer Art Gesellschaftsvertrag, aber ohne solcherart zum Staate zu werden. Es geht vielmehr – im Lichte des von Kant in den Mittelpunkt gestellten Kriegscharakters des zwischenstaatlichen Naturzustandes – nur um ein vertraglich fixiertes Friedensbündnis. Dieses Bündnis soll keinesfalls eine bürgerliche Verfassung haben, also ein Staat sein (dies hatte Kant ja schon im Jahre 1795 im Rahmen seiner Schrift „Zum ewigen Frieden" ausgeführt, einer Schrift, die im Lichte des umstrittenen Friedensvertrages von Basel verfasst wurde), sondern vielmehr nur eine Genossenschaft, eine Föderalität, deren rechtliche Bindung man regelmäßig erneuern müsste, die also ein „Ablaufdatum" hätte ohne diese regelmäßig bekräftigende Erneuerung. Einziges Ziel dieser Vereinbarung ist die Vermeidung des Krieges unter den an dieser Friedensgenossenschaft (*foedus Amphictyonum*) teilnehmenden Staaten. Für Kant ist es jedoch auch eine geschichtsphilosophische Tatsache, dass der latente Kriegszustand die Menschen zum Fortschritt in Richtung einer solchen verrechtlichenden Föderation treibt, welche die Souveränität im Allgemeinen und die Existenz im Besonderen und kleiner wie großer Staaten sichert.

Kant (MdS § 55) überrascht daher nicht wirklich mit der Feststellung, dass ein Krieg u. a. dazu dienen könnte, dem Recht auf die Etablierung rechtlicher Beziehungen zwischen Staaten zum Durchbruch zu verhelfen. Dabei stellt sich die Frage, inwiefern ein Souverän – selbst für einen solchen im Kern legitimen Krieg – seine Untertanen sowohl materiell als auch physisch zur Erreichung des Kriegszwecks heranziehen kann – und sei es auch gegen deren Willen.

Im § 56 spricht Kant das *Recht zum Kriege* an. Er geht dabei von einem Urrecht der Staaten auf „Gleichgewicht" aus, was dazu führt, dass – da man im Naturzustande sich keines gerichtsförmigen Prozesses bedienen kann – der Krieg das einzige Verfahren darstellt, die von einem anderen Staat erfahrene „tätige" Verletzung auszugleichen, zu sühnen. Ein weiteres Moment eines „legitimen" Krieges sieht Kant in der Abwehr von (bloßer) Bedrohung. Diese kann die Gestalt der Hochrüstung eines Nachbarn oder aber seinen „fürchterlichen" Machtanstieg (etwa durch Ländererwerbung) betreffen. Auch in dieser Bedrohungssituation sieht sich der Mindermächtige „angegriffen", sodass es – im Naturzustand, wohlgemerkt – nach Kant das legitime, „rechtmäßige", wie er es ausdrückt, Interesse an besagtem Gleichgewicht gibt, das letztlich zum Recht auf einen präventiven Angriff führt.

Der § 57 behandelt das *Recht im Kriege*, also dasjenige Gebiet im Völkerrecht, das die meisten Schwierigkeiten macht, wenn man bedenkt, dass es darum geht, widerspruchsfrei für einen seinem Naturzustandswesen nach eigentlich rechtlosen Zustand (*inter arma silent leges*) rechtliche Regelungen vorzusehen. Für Kant gibt es als Lösung nur ein Prinzip für eine solche Rechtlichkeit: Man hat den Krieg nur nach solchen Grundsätzen zu führen, dass man sich dadurch den Weg für die beteiligten Staaten, ihrer eigentlichen sittlichen Pflicht, aus dem Naturzustand heraus in einen rechtlichen Zustand zueinander zu treten und zu entsprechen, nicht verbaut. Es kommt daher weder ein Ausrottungs- (die physische Vernichtung eines Staatsvolkes) noch ein Unterwerfungskrieg (die moralische Vernichtung eines Staatsvolkes) in Betracht im Lichte des völkerrechtlichen „Antagonismus nach Prinzipien der äußeren Freiheit" der Völkerrechtssubjekte (= Staaten).

Übermäßiger Machtzuwachs, der seinerseits wiederum kriegslegitimierende Ausmaße annimmt, kann daher nicht im Lichte völkerrechtlich zulässiger Abwehrmaßnahmen zur Wiederherstellung von Frieden verstanden werden. Grundsätzlich sind einem Staat im Naturzustand alle Arten von Verteidigungsmitteln erlaubt, allerdings nicht solche, die es den eigenen Staatsbürgern unmöglich machen würden, ordentliche Staatsbürger sein zu können. Denn dann würde sich auch ein solcher Staat außerstande setzen, in Hinkunft das Mitglied einer rechtlichen

Vereinigung zu sein und völkerrechtlichen Personenstatus zu haben. Als Beispiele für diese verpönte Verwendung der eigenen Staatsbürger sieht Kant an: Spionage, Meuchelmord, Giftmischerei, Scharfschützenwesen, Falschinformation – also kurz: Heimtücke, welche dauerhaft das Vertrauen des zukünftigen Friedensvertragspartners erschüttern oder unmöglich machen würde.

Im § 58 spricht Kant sodann vom *Recht nach dem Krieg*, also dem Recht des Friedensvertrages, in welchem die ehemals feindlichen Staaten nunmehr in ein (sittlich gesolltes) Rechtsverhältnis zueinander eintreten. Dabei legt er als Prinzip fest, dass dieser Vertrag nachhaltig ein Friedensverhältnis begründen soll, es also nicht angehen kann, dass der Sieger, über das übliche Standardformat von Friedensverträgen hinaus, eine besondere Verletzung durch den Überwundenen behauptet, direkt und offen die Erstattung sämtlicher Kriegskosten verlangt, ebenso hat beim Austausch von Gefangenen die jeweilige Anzahl keine Rolle zu spielen. Es geht Kant bei diesen Regelungen im Lichte des Großmuts gegenüber dem Besiegten weniger um Gnade oder Verzeihung durch den Sieger, sondern vielmehr darum, in den Friedensbedingungen nicht schon wieder im Keim die Grundlagen für neue Kriege zu legen – denn ein beleidigender oder gar herabwürdigender Friedensvertrag birgt nichts Gutes. Daher hat ein Friedensvertrag alles zu vermeiden, was in Richtung Deutung des Krieges als Strafkrieg geht, was sofort die „Ungerechtigkeit" des Unterlegenen unterstellen würde. Noch viel weniger kann ein Friedensvertrag als in diesem Sinne „vernünftig" angesehen werden, der den Untergebenen zur Kolonie des Siegers macht und seine Bürger zu Leibeigenen. Vielmehr – so Kant ausdrücklich – liege eine Amnestie durch den Sieger geradezu im Begriff des Friedensvertrags.

Im für seine Kriegsphilosophie zentralen § 60 geht Kant darauf ein, was eigentlich ein „ungerechter Feind" sei und wie ihm grundsätzlich begegnet werden kann im Licht der „Gerechtigkeit". Zunächst hält Kant fest, dass derjenige Staat als „ungerecht" zu gelten habe, dessen – wörtlich oder tätlich – geäußerter öffentlicher Wille „eine Maxime verrät, nach welcher, wenn sie zur allgemeinen Regel gemacht würde, kein Friedenszustand unter Völkern möglich, sondern der Naturzustand verewigt werden müsste" – hier erkennt man unschwer die Anwendung des kategorischen Imperativs auf die Friedenspolitik. Ein weiteres Momentum staatlicher Ungerechtigkeit stellt die Verletzung internationaler Verträge dar, welche „die Sache aller Völker betrifft, deren Frei-

heit dadurch bedroht wird". Durch die Verletzung eines solchen Ver-
trages würden vernünftigerweise die davon Betroffenen genötigt, sich
dagegen zur Wehr zu setzen. Wenn man es nun mit einem solcherart
„ungerechten" Feind zu tun hat, so sind dem Recht eines Staates gegen
einen solchen ungerechten Feind keine quantitativen Grenzen gesetzt
bei der Anwendung qualitativ erlaubter Verteidigungsmittel (wie in
§ 57 dargelegt). Das Maß der Anwendungsintensität ist einzig durch
den erfolgreichen, d. h. denjenigen Einsatz gerechtfertigt, welcher dazu
ausreicht, „das Seine zu behaupten".

Abschließend kann Kant nicht umhin, nochmals auf die Problematik der Rede vom „ungerechten" Feind im Lichte des Naturzustandes
zu sprechen zu kommen: Der Naturzustand selbst ist ein Zustand der
Ungerechtigkeit. Und wenn es einen „gerechten" Feind gäbe, so wäre es
im Lichte der Gerechtigkeit untersagt, ihm Widerstand zu leisten.

Im abschließenden § 61 kommt Kant auf den „ewigen Frieden"
zu sprechen, den er schon 1795 in der gleichnamigen kleinen Schrift
ausführlich thematisiert hat. Im Wesentlichen geht es darum, dass die
Staaten sich international noch im Naturzustand und damit im la-
tenten Kriegszustand befinden. Er betont daher die geradezu sittliche
Vernunftpflicht für die Staaten, in einen gesetzlichen Zustand überzugehen und den konfliktischen Naturzustand zu überwinden, was ihm
v. a. im Verhältnis von „Republiken" zueinander möglich erscheint.

4

Legitimer Krieg und kulturelle Sittlichkeit – Clausewitz, Fichte, Nietzsche

Nachdem der Krieg in den Gedanken Kants sein rechtliches Momentum vollendet hat, fasst der Kantianer Clausewitz den Krieg im Lichte sittlicher Totalität auf. Er denkt den Krieg wiederum als umfassendes Ereignis von gleichsam metaphysischer Unerbittlichkeit, verbindet daher – unter kantischem Anspruch auf freiheitliche Selbstbestimmung des Menschen – Momente von Platon und Spinoza zu einer neuzeitlichen Identität (darin Schelling nicht unähnlich). Fichte wird diesen neu gefassten Sittlichkeitsbegriff vom allgemein Politischen hin zum freiheitlichen Kampf als dem maximalen handlungslegitimatorischen Referenzrahmen zuspitzen. Aus der Kirche als der Gemeinschaft der Gläubigen des Platonikers Augustinus wird so unversehens das Walhall der freien Bürgergemeinschaft, die erst im Angesicht der napoleonischen Herrschaft zur deutsch-nationalen Freiheitlichkeit romantisiert wird. Nietzsche ist eigentlich der „verzweifelte Fichte", der die gesellschaftliche Erhöhung durch den alles relativierenden Krieg im Zeitalter des aufkommenden Nihilismus nicht mehr zu erreichen glaubt. In einem Akt ästhetischer Biedermeierlichkeit kehrt sich Nietzsches Kriegsbegriff gegen ihn selbst, wird zum inneren Kampf, dem inneren Erlebnis, dem er letztlich – als Vorbote dessen, was dem gottlos gewordenen Abendland im 20. Jahrhundert noch bevorstand – zum Opfer gefallen ist.

Das dritte Momentum der Dialektik des Krieges ist die Vermittlung der moralischen Abstraktion mit der rechtlichen Entfremdung im Lichte der ihm innewohnenden „Sittlichkeit": Nachdem die unmittelbaren sowie die entfremdeten Begründungsdiskurse geführt wurden, kommt nunmehr der Begriff des Krieges wieder zu sich selbst,

begreift er sich als lebendige Idee: als Momentum der kulturellen Sittlichkeit. Es war ja immer schon erstaunlich gewesen, dass der Krieg
so alt ist wie die Menschheit selbst. Bereits seit den Überlegungen
des Heraklit stand zu vermuten, dass Krieg etwas anderes sein dürfte als ein psychosozialer Unfall, eine schiere Fehlentwicklung in der
Menschheitsgeschichte. Dies ließe ja auf die Therapierbarkeit eben-
dieser Menschheit hoffen im Lichte zukünftiger ewiger Friedlichkeit.
Kant hat diesen Ansatz bereits in seiner Schrift „Zum ewigen Frieden" entsprechend kommentiert und diesen Frieden mehr mit einem
Friedhof als einer lebendigen Gemeinschaft von freien Menschen in
Zusammenhang gebracht. In seiner Geschichtsphilosophie hatte Kant
ja ebenfalls zum Ausdruck gebracht, dass kriegerische Spannungen
einen wesentlichen Motor der kulturellen Weiterentwicklung darstellen. Krieg muss solcherart ernst genommen werden, kann nicht nur
beiseite geschoben werden als enden wollende Deformation sittlicher
Vernünftigkeit.

Man darf nicht systematisch-methodisch den Krieg aus der kritischen Reflexion ausblenden und sodann meinen, es würde alles so
bleiben, wie es ist – nur um vieles besser und humaner und sympa-
thischer. Es muss klar sein, welchem Umstand sich im 19. Jahrhundert
die Revolution, die Aufklärung und ganz allgemein die zivilisatorische
Entwicklung auch mitverdanken: dem Krieg als der existenziellen Erscheinungsweise des Polemos. Die napoleonischen Kriege, der Krimkrieg, der Deutsch-Französische Krieg – sie haben das 19. Jahrhundert
geprägt in einer Weise, die den Weg eröffnet hat zu den Entwicklungen
des 20. Jahrhunderts, das an Blutigkeit das vorrationale 17. Jahrhundert
noch übertreffen dürfte. Um diese Dimension von Krieg zu skizzieren,
seien die Gedanken dreier sehr prominenter Autoren, die noch weit in
das 20. Jahrhundert hineinwirken sollten, kurz vorgestellt: Clausewitz,
Fichte und Nietzsche.

Alle drei tragen spezifische Momente zum „sittlichen Kriegsbegriff"
bei. Clausewitz „befreit" den Krieg von den Uniformen und führt ihn
aus den geschlossenen Kasernen hinaus auf das politische Parkett: Als
reflexive Reaktion auf das machiavellistische Genie Napoleon war es
klar, dass man seit der „levé en masse" den Krieg kaum noch sozial
gekapselt, also gehegt, wird halten können, denn Napoleon hatte den
Bürger als Recken der Revolution konzipiert. Fichte wiederum – sich
ebenfalls als Erbe Machiavellis betrachtend – hat den Krieg nicht
nur staatspolitisch, sondern staatsbegründend aufgefasst: Erst der ge-

meinsam geschlagene Krieg um die selbst zu verantwortende individuelle wie gemeinschaftliche Freiheit lässt diese wahrhaftig wirklich und zuallererst in Gemeinschaft lebendig werden. Nietzsche ist durch dieses Denken intellektuell hindurchgegangen, er hat es sich aber weniger und weniger realisieren gesehen. Von der kulturellen Ausdünnung der soziopsychologischen Verfasstheit seiner Heimat bzw. seines Kontinents in der Phase des reaktionären Biedermeier erschüttert, ist er schier verzweifelt; bereits in der europäischen Dekadenz lebend entzieht sich dem Spätromantiker Nietzsche die optimistische Grundstimmung des frühromantischen Hölderlin, weshalb ein Zarathustra schon anders geartet ist als ein Hyperion. Im Kern warnt Hölderlin vor einer möglichen Aufklärungsdekadenz, deren Eintreten Nietzsche nur noch protokollieren und rhetorisch wuchtig verdammen kann – gleichsam der letzte Aufschrei des alteuropäischen Humanismus. In diesem Sinne ist Nietzsches „Kriegsverständnis" schon keine wissenschaftliche Abhandlung mehr, sondern eine genialisch-literarische Abrechnung.

Clausewitz – Krieg und Politik

Der Krieg ist also ein Akt der Gewalt, um den Gegner
zur Erfüllung unseres Willens zu zwingen. Die Gewalt rüstet sich
mit den Erfindungen der Künste und Wissenschaften aus,
um der Gewalt zu begegnen. Unmerkliche, kaum nennenswerte
Beschränkungen, die sie sich selbst setzt unter dem Namen völker-
rechtlicher Sitte, begleiten sie, ohne ihre Kraft wesentlich
zu schwächen.
Vom Kriege I.1.2

Da der Gebrauch der physischen Gewalt in ihrem ganzen Umfange
die Mitwirkung der Intelligenz auf keine Weise ausschließt, so muss
der, welcher sich dieser Gewalt rücksichtslos, ohne Schonung
des Blutes bedient, ein Übergewicht bekommen, wenn der Gegner
es nicht tut. Dadurch gibt er dem anderen das Gesetz, und so
steigern sich beide bis zum Äußersten, ohne dass es andere
Schranken gäbe als die der innewohnenden Gegengewichte. […]
Nie kann in der Philosophie des Krieges selbst ein Prinzip
der Ermäßigung hineingetragen werden, ohne eine Absurdität
zu begehen.
Vom Kriege I.1.3

Bios: Zwischen Eule und Adler

Carl von Clausewitz (1780–1831) ist wohl *der* bedeutendste Militär-
theoretiker Europas. Er vereinigt in seiner Person zwei Welten, die Welt
der Theorie und die Welt der Praxis – er ist sozusagen die Inkarnation
des zentralen Projekts des deutschen Idealismus, die Einheit von Theorie und Praxis zu denken. Obwohl Clausewitz – solcherart im „Schatten" Fichtes und Hegels stehend – eigentlich nicht als „Systemphilo-
soph" gilt, kommt ihm dennoch eine ganz spezifische philosophische
Qualität zu. Im Zuge seiner Offiziers-Ausbildung an der Kriegsschule
von Berlin ab 1801 kam er intensiv mit Philosophie in Kontakt; sein
Lehrer Johann Kiesewetter war ein bekannter und überzeugter Kantianer. Und der zentrale Grundsatz seines Akademiedirektors und
Lehrers Gerhard von Scharnhorst (1755–1813), dass philosophische
Bildung die Antwort auf Napoleon und somit die Grundlage des modernen preußischen Offiziers sein muss, hat Clausewitz die Möglichkeit
gegeben, sich nicht nur – wie bisher – autodidaktisch, sondern als we-

sentliches Moment seiner Ausbildung mit Fragen der Politik und Ethik zu befassen. Der zentrale Einfluss von Immanuel Kant auf das Denken des jungen Clausewitz ist unverkennbar und eröffnet die Möglichkeit einer angemessenen philosophischen Interpretation seines Werkes.

Nach mehreren militärischen Einsätzen, sowohl in russischen (1812–1814) wie in preußischen Diensten gegen Napoleon, war Clausewitz in den folgenden Jahren (1815–1818) Stabschef bei Gneisenau, danach ab 1818 Direktor ohne Lehrbefugnis der 1810 gegründeten Allgemeinen Kriegsschule in Berlin (militärische *und* akademische Komponente der Offiziersausbildung) – man kann darin eine politische Kaltstellung des führenden liberalen Militärreformers sehen. In diesen langen Jahren konnte sich Clausewitz in Ruhe der Ausarbeitung seines Hauptwerkes „Vom Kriege" und anderer Schriften widmen. 1830 wurde er nach Breslau versetzt, wo er – mittlerweile General geworden – im Rahmen des Polnischen Insurrektionskrieges (1831) zusammen mit Gneisenau als Beobachter stationiert war. Die russischen Truppen, die den Aufstand militärisch rasch niedergeworfen hatten, schleppten jedoch die Cholera ein, der zunächst Gneisenau und wenige Monate später auch Clausewitz erlag. Nach seinem Tod hat seine Witwe (Marie von Clausewitz) die Schriften ihres Mannes aus dem Nachlass herausgegeben.

Logos: Zwischen Politik und Ethos

Im Zentrum des Clausewitz'schen Denkens steht zum einen sein Menschenbild, zum anderen davon abgeleitet sein Begriff des Politischen. Sein Menschenbild ist zutiefst kantianisch geprägt. Im Zentrum steht der freie Wille, die Autonomie des Menschen, seine Selbstbestimmung – aber damit auch seine Verantwortung. Als Kenner nicht nur der Philosophie (v. a. Ethik) Kants, sondern auch als Schüler Machiavellis, ist es nicht weiter überraschend, dass Clausewitz hinsichtlich der Politik ein mit dem berühmten Florentiner durchaus vergleichbares Grundverständnis von deren moralischer Qualität aufweist. Ähnlich wie nach ihm dann Carl Schmitt sieht Clausewitz Politik primär als Ringen, als Kampf, als *polemos* an. Dieser Polemos ist aber kein materialistischer Kampf – im Sinne eines Daseinskonflikts –, sondern vielmehr ein Kampf zwischen freien Wesen. Daher hat Clausewitz es z. B. abgelehnt, den Krieg als Handwerk oder als Kunst zu verstehen – sowohl Handwerk als auch Kunst haben tote Materie zum operativen Gegenstand, nicht jedoch beseelte moralische Wesen. Diesen weist Clausewitz eine besondere Bedeutung zu, die nicht nur einem sittlichen Auftrag gemäß zu beachten ist, sondern – wie seit Kant angelegt – als durchaus strategische Komponente ins Kalkül zu ziehen ist: Wer irrtümlich einem materialistischen Menschenbild anhängt, d. h. einem deterministisch-heteronomen, wird damit nicht nur nicht der Wahrheit des Menschen gerecht (was man sozusagen „akademisch" bedauern mag oder auch nicht), sondern er verunmöglicht sich damit auch eine (militärisch ausgedrückt) adäquate Lagebeurteilung.

Da Clausewitz primär Offizier ist, kann er es nicht verantworten, seinen Überlegungen strukturell falsche Annahmen zugrunde zu legen. Denn die daraus fälschlich abgeleiteten Irrtümer kosten nicht nur die akademische Reputation, sie kosten vielen Menschen das Leben. Daher geht seine intellektuelle Anstrengung dahin, die machiavellistischen Grundeinsichten in die Politik (gleichsam als deskriptive Induktion auffassend) mit dem kantianisch-fichteanischen Ansatz in die sittliche Wahrheit des Seins (gleichsam als präskriptive Deduktion) zu kombinieren. Mit Machiavelli allein kann man über Machiavelli nicht hinausgehen (Ähnliches gilt für Hobbes). Es bedarf allerdings auch der Vergewisserung, keinesfalls im eigenen Denken die Beobachtungen von Machiavelli und Hobbes zu unterbieten! In diesem Sinne hatten sich ja auch Fichte und Hegel nachweislich v. a. mit Machiavelli auseinandergesetzt, um sich solcherart des politischen Hintergrunds für ihre dialektischen Überlegungen zu versichern.

Es geht also in der Politik darum, dass sich freie und – prinzipiell – verantwortliche Wesen diametral bis feindlich gegenüberstehen hinsichtlich eines ihnen gemeinsamen Anliegens, eines zu setzenden Zwecks, einer zu setzenden Handlung. Politik hat daher notwendig mit Auseinandersetzung zu tun – im wahrsten Sinne des Wortes, wie später Heidegger betonen wird. Clausewitz hat also ein Politikverständnis, das davon ausgeht, dass es eine sittliche Lösung geben muss, eine Lösung, die allseitig argumentierbar und zustimmungsfähig ist. Er geht aber auch davon aus, dass nicht alle politischen Kräfte sich ihrer Wahrheit als angemessen erweisen und solcherart der Vernunft die ihr gebührende Stellung einräumen bzw. zuweisen. Für diesen Fall ist – unter fortgesetzter Achtung der Vernünftigkeit von Politik – auch ein Zwangsinstrumentarium in den Blick zu nehmen, das vernünftiger Politik auf vernünftige Weise zum Durchbruch verhelfen soll. Nur dann ist Krieg als Instrument der Politik wirklich „erfolgreich" („siegreich"), wenn er

der Vernunft zum Durchbruch verhilft. In diesem Sinne ist es zu verstehen, wenn Clausewitz sagt, dass man schon zu Beginn des Krieges
eine Vernunftordnung des Friedens aufgestellt haben muss, ansonsten
erscheint kein wahrhafter Sieg möglich. Der Krieg bei Clausewitz ist
demnach in einem Sinnrahmen der Vernünftigkeit zu sehen, der ganz
in der philosophischen Tradition des herakliteischen Logos und der
spinozistischen Natur steht. Einzig vor diesem Hintergrund kann die
philosophische Bedeutung des Clausewitz'schen Denkens über den
Krieg in seiner wahrhaften Bedeutung sichtbar werden.

Polemos: Zwischen totalem Krieg und freiem Willen

Im Zentrum seiner Kriegsphilosophie steht die Frage danach, was
nunmehr das Wesen des Krieges sei: Modul der Politik oder Substanz
der Politik, um es in der Terminologie Spinozas auszusprechen. Des
Weiteren geht es, wie etwa Herfried Münkler im Anschluss an Clausewitz wiederholt betont, um die „wunderliche Dreifaltigkeit" (I.1.28) im
Wesen des Krieges, die man aber weniger direkt auf religiöse, vielmehr
mittelbar auf dialektische Dimensionen beziehen sollte, was insofern gerechtfertigt erscheint, als Clausewitz neben Kants auch Fichtes
Schriften studiert hatte.

Derjenige Teil seines Hauptwerkes „Vom Kriege", der mehrfach
überarbeitet den Kern seiner *Philosophie* des Krieges enthält, ist das
1. Kapitel des I. Buches. Grundsätzlich sollte man bei Clausewitz nicht
vergessen, dass weite Teile seines über 600 Seiten umfassenden Hauptwerkes dem Krieg in der Gestalt des beginnenden 19. Jahrhunderts
gewidmet sind und daher eher für eine militärhistorische, weniger für
eine philosophische Forschung interessant sind. Aber Clausewitz war
eben nicht nur ein klassischer Militärschriftsteller, sondern auch ein
Philosoph, der in bester sokratischer Tradition die „Was"-Frage nicht
gescheut hat, die Frage nämlich, was denn eigentlich der „Krieg" sei
– eine theoretische Vorfrage zu ausgedehnten praktischen Überlegungen, wie dieser besagte Krieg denn zu gewinnen sei.

Der Krieg ist für Clausewitz ein organisches Ganzes – so hebt er in
der Einleitung an. Diese Einsicht mag banal erscheinen, aber sie ist als
methodisches Bekenntnis zu fassen: Wir haben es mit einer deduktiven
Herangehensweise an den Krieg zu tun; das Wesen des Ganzen ist zu
beleuchten, sagt Clausewitz, bevor man den einzelnen Elementen bzw.
Momenten des Gegenstandes näher tritt. Man kann aber die Elemente

des Krieges, so Clausewitz, niemals begreifen, wenn man sie nicht ständig im Lichte des Ganzen betrachtet (I.1.1). Der Kern des Kriegsbegriffes, sein Wesenskern, besteht gemäß Clausewitz im Zweikampf. „Der Krieg ist nichts als ein erweiterter Zweikampf" (I.1.2). Es geht bei diesem Zweikampf operativ einzig und allein darum, den Gegner niederzuwerfen und dadurch, so Clausewitz weiter, „zu jedem ferneren Widerstand unfähig zu machen" (I.1.2).

Aber warum soll der Gegner niedergeworfen und widerstandsunfähig gemacht werden? Was ist – über dieses unmittelbare operative Ziel hinaus – der eigentliche Zweck des Krieges? Der eigentliche politische Zweck des Krieges ist, „den anderen durch physische Gewalt zur Erfüllung [des je eigenen] Willens zu zwingen" (I.1.2). Es wird bereits in den ersten Zeilen klar, dass sich Clausewitz keinerlei Illusion über die Möglichkeiten der Hegung von Krieg hingibt: „Der Krieg ist also ein Akt der Gewalt, um den Gegner zur Erfüllung unseres Willens zu zwingen. Die Gewalt rüstet sich mit den Erfindungen der Künste und Wissenschaften aus, um der Gewalt zu begegnen. Unmerkliche, kaum nennenswerte Beschränkungen, die sie sich selbst setzt unter dem Namen völkerrechtlicher Sitte, begleiten sie, ohne ihre Kraft wesentlich zu schwächen" (I.1.2). Einerseits werden Künste und Wissenschaften in den Dienst des Krieges gestellt; andererseits sind „völkerrechtliche Sitten" kaum in der Lage, seine Kraft wesentlich zu schwächen. Clausewitz führt an dieser Stelle eine für sein Werk und die zukünftige Kriegstheorie wesentliche Begrifflichkeit ein: *Operatives Mittel* des Krieges ist die physische Gewalt; *strategisches Ziel* des Krieges ist Wehrlosigkeit des Gegners; *politischer Zweck* des Krieges ist es, dem Feind den eigenen Willen aufzuzwingen (I.1.2).

Der politische Zweck wird in der Regel aus dem Blick des militärischen Handelns verdrängt durch die Konzentration auf das militärstrategische Ziel: die Wehrlosmachung des Feindes. Wie oft ist es geschehen, dass das Militär zwar den Feind mittels physischer Gewalt wehrlos machen konnte, aber die dahinterstehende Politik dabei versagte, dem solcherart wehrlosen Feind nunmehr den eigenen Willen aufzuzwingen und eine nachhaltige politische Friedensordnung zu errichten? Clausewitz äußert ja – darin ein direkter Schüler von Machiavelli – keinerlei normative, schon gar keine moralische Bewertung der „Legitimität" oder „Legalität" des jeweils militärisch durchzusetzenden politischen Willens. Er stellt nur fest, dass dieser politische Wille – jenseits von Moralität und Legalität – seinen eskalationslogischen Weg findet hin zur totalen militärischen Gewaltanwendung. Diese mag vom Moment der feindlichen, primär nur militärischen bis hin zur letztlich zivilisatorischen Wehrlosigkeit führen, denn „Wehrlosigkeit" (als militärstrategisches Ziel) soll ja die Durchsetzung des politischen Willens (als des eigentlichen politischen Zwecks) ermöglichen. Je nach politischer Verfasstheit eines Gemeinwesens kann jedoch der Untergang seiner Armee nicht unbedingt bedeuten, dass damit auch sein politischer Wille gebrochen ist, etwa dann, wenn sich der politische Wille eines Gemeinwesens nicht primär auf das Militär, sondern auf den Volkswillen stützt.

Für Clausewitz ist aber der Handlungserfolg immer das zentrale Momentum – nicht ein (zeitlich und räumlich und kulturell sehr unterschiedlicher) Status. Er spricht nicht von der bloßen militärischen Kapitulation eines Feindes, sondern von seiner politisch relevanten Wehrlosigkeit. Damit führt Clausewitz – in Auseinandersetzung mit Machiavelli und dessem genialen Schüler Napoleon – im Anschluss an die Französische Revolution den totalen (= gesamtgesellschaftlichen) Krieg als politische Kategorie ein.

Im nächsten Schritt geht Clausewitz auf die Intensität der Anwendung von Gewalt ein und warnt vor der naiven Vorstellung, dass sich die physische Gewalt im Kriege prinzipiell beschränken ließe. Zwar gäbe es zivilisatorische Rahmenbedingungen, die die Erscheinungsweise des Krieges in kulturell bedingter Weise prägen, aber es handelt sich dabei keinesfalls um prinzipielle Schranken des Krieges. Solche sind für Clausewitz schlichtweg nicht denkbar. Dies zu glauben oder zu hoffen sei im Gegenteil ein gefährlicher Irrtum, der, aus falsch verstandener Gutmütigkeit heraus begangen, zu den schlimmsten Folgen führen kann: „nie kann in der Philosophie des Krieges selbst ein Prinzip der Ermäßigung hineingetragen werden, ohne eine Absurdität zu begehen" (I.1.3).

In weiterer Folge stellt Clausewitz fest, dass der Kampf zwischen Menschen von zwei Momenten bestimmt wird – von „feindseligem Gefühl" und von „feindseliger Absicht". Es sind im Krieg immer beide Momente vertreten. Und daher ist die Annahme ein Irrtum, dass hochgebildete Zivilisationen einen Krieg ohne feindseliges Gemüt, also als reinen Verstandesakt, durchführen könnten; „mit einem Wort: Auch die gebildetsten Völker können gegeneinander leidenschaftlich entbrennen. Man sieht hieraus, wie unwahr man sein würde, wenn man den Krieg der Gebildeten auf einen bloßen Verstandesakt der Regierungen zurückführen und ihn sich immer mehr als von aller Leidenschaft loslassend denken wollte, sodass er zuletzt die physischen Massen der Streitkräfte nicht wirklich mehr brauchte, sondern nur ihre Verhältnisse, eine Art Algebra des Handelns" (I.1.3). Clausewitz resümiert daher als *erste Wechselwirkung*: Der Krieg ist ein Akt der Gewalt, es gibt in der Anwendung derselben keine Grenzen; so gibt jeder dem anderen das Gesetz, es entsteht eine Wechselwirkung, die dem Begriff nach zum Äußersten führen muss.

Im nächsten Schritt geht Clausewitz darauf ein, worin genau das *strategische Ziel* des Kampfes gelegen ist: darin, den Feind wehrlos zu machen. Was hat man sich darunter vorzustellen? Ausgangspunkt ist immer, dass ein Feind unseren Willen nicht erfüllen möchte. Daher ist für Clausewitz ganz klar, dass es darum geht, den Feind durch den Einsatz physischer Gewalt in eine Lage zu versetzen, „die nachteiliger ist als das Opfer, welches wir von ihm fordern" (I.1.4). Dieser Nachteil muss nicht nur nachteiliger, sondern auch nachhaltiger sein als das zu erwartende Opfer, denn ansonsten könnte der Feind ja auf die Idee kommen, den physischen Druck abzuwarten und seinen Willen nicht zu beugen. Clausewitz resümiert: „Hieraus folgt: dass die Entwaffnung oder das Niederwerfen des Feindes, wie man es nennen will, immer das Ziel des kriegerischen Aktes sein muss" (I.1.4).

Und an dieser Stelle macht Clausewitz eine *zweite Wechselwirkung* aus, die zum Äußersten führt. Da Krieg eine Handlung zwischen zwei lebendigen Kräften darstellt, muss sich jeder Teil sagen: „Solange ich den Gegner nicht niedergeworfen habe, muss ich fürchten, dass er mich niederwirft, ich bin also nicht mehr Herr meiner, sondern er gibt mir das Gesetz, wie ich es ihm gebe" (I.1.4).

Ausgehend von den Einsichten in das wechselwirksame Wesen auch des Ziels kommt Clausewitz in der Folge nochmals zur Sphäre der Mittel, der physischen Gewalt, zurück – um ergänzend auszuführen, dass in diesem Bereich eine weitere Wechselwirkung zum Tragen kommt, die den Mitteleinsatz bestimmt: nämlich eine Bewertung der Widerstandskraft des Feindes. Diese setzt sich nach Clausewitz aus der relativ gut berechenbaren Größe seiner vorhandenen Mittel und der sehr schlecht bestimmbaren Stärke seiner Willenskraft zusammen. Es geht dabei um die Stärke seines Motivs, die einzuschätzen ist. „Gesetzt, wir bekämen auf diese Weise eine erträgliche Wahrscheinlichkeit für die Widerstandskraft des Gegners, so können wir danach unsere Anstrengungen abmessen und diese entweder so groß machen, dass sie überwiegen, oder, im Fall dazu unser Vermögen nicht hinreicht, so groß wie möglich. Aber dasselbe tut der Gegner; also neue gegenseitige Steigerung, die in der bloßen Vorstellung wieder das Bestreben zum Äußersten haben muss" (I.1.5). Hier macht Clausewitz eine *dritte Wechselwirkung* aus, die den Krieg zum Äußersten treibt.

Diese *drei Wechselwirkungen* würden – wären sie in totaler Isolation wirksam – notwendig zum „totalen Krieg" führen. Doch dies weist Clausewitz als eine abstrakte Vorstellung zurück. Es handelt sich bei diesen drei Wechselwirkungen nur um prinzipielle Tendenzen, die dem Wesen des Krieges innewohnen, aber es wäre fatal zu übersehen, dass ein Krieg niemals ein abstrakter, isolierter, raum-, zeit- und kulturloser Akt ist. In den Abschnitten 6–10 führt Clausewitz aus, dass die Wirklichkeit den Krieg niemals in seiner abstrakt-deduktiven Totalität in Erscheinung treten lässt, sondern vielmehr alle *drei Wechselwirkungen* abschwächt durch unzählige Nebenumstände und Hindernisse, die eine „reine" Umsetzung der Theorie des absoluten Krieges unmöglich machen. Kriege entstehen nicht im luftleeren Raum, der Wille bildet sich nicht ohne entsprechende Vorgeschichte und Rahmenbedingungen heraus (vgl. I.1.7).

Krieg besteht auch nicht aus einem einzigen Akt, der mich zwingen würde, als Maßstab für die Einschätzung des Feindes meine gegen das Äußerste tendieren müssende Vorstellung seiner Entschlossenheit zu nehmen. Man kann in sukzessiver Kriegsführung stets genügend Materialien erheben, die gesicherte Rückschlüsse auf das wahrscheinliche Maß der feindlichen Entschlossenheit zulassen, womit sich ebenfalls eine Mäßigung des eigenen Mitteleinsatzes rechtfertigen lässt. Des Weiteren sind auch nicht alle Mittel des Feindes jederzeit und vollständig maximal verfügbar. Clausewitz ist daher der festen Überzeugung (I.1.9), dass rein theoretisch-abstrakte Modelle, die in sich durchaus logisch zwingend und schlüssig sind, in der Wirklichkeit nicht ebenso absolut und total in Erscheinung treten; daher gibt er auch zu bedenken, dass der „ideale Krieg" (I.1.10; also der Krieg gemäß seiner abstrakten Theorie) so niemals ins Leben treten kann. Dass diese Einsicht wissenschaftstheoretisch äußerst wertvoll ist, braucht nicht eigens betont zu werden – es genügt ein Blick auf die sozialen Verheerungen, die die dogmatische Anwendung von abstrakten Wirtschaftsmodellen im 20. Jahrhundert und bis herauf in die jüngste Vergangenheit angerichtet haben.

Wenn man die Dimension der Wirklichkeit mit in Rechnung stellt, so kommt man laut Clausewitz daher zu folgendem Schluss: „Auf diese

Weise wird dem ganzen kriegerischen Akte das strenge Gesetz der nach dem Äußersten getriebenen Kräfte genommen. Wird das Äußerste nicht mehr gefürchtet und nicht mehr gesucht, so bleibt dem Urteil überlassen, statt seiner die Grenzen für die Anstrengungen festzustellen, und dies kann nur aus den Daten, welche die Erscheinungen der wirklichen Welt darbieten, nach Wahrscheinlichkeitsgesetzen geschehen. Sind die beiden Gegner nicht mehr bloße Begriffe, sondern individuelle Staaten und Regierungen, ist der Krieg nicht mehr ein idealer, sondern ein sich eigentümlich gestaltender Verlauf der Handlung, so wird das wirklich Vorhandene die Daten abgeben für das Unbekannte, zu Erwartende, was gefunden werden soll. Aus dem Charakter, den Einrichtungen, dem Zustande, den Verhältnissen des Gegners wird jeder der beiden Teile nach Wahrscheinlichkeitsgesetzen auf das Handeln des anderen schließen und danach das seinige bestimmen" (I.1.10).

Der Umstand, dass sich strategisches Ziel und physische Mittel als nicht absolut oder „ideal" erwiesen haben in ihrer Erscheinungsweise, führt dazu, dass ein Momentum, das eigentlich wesentlich sein sollte – nämlich der Telos des Krieges –, wieder in den Vordergrund tritt: der politische Zweck, der darin besteht, den Willen des Feindes zu brechen. Darin liegt ja der eigentliche Zweck des Krieges, nicht in der Wehrlosmachung des Feindes. Das ist bloß das strategische Ziel, aber nicht der politische Zweck. Auch die grenzenlose Anwendung von Gewalt ist nicht der Zweck oder das Wesen des Krieges, sondern bloß das Mittel zur Erreichung des strategischen Ziels, das der Erfüllung des politischen Zwecks zu dienen hat.

„Das [abstrakte] Gesetz des Äußersten, die Absicht, den Gegner wehrlos zu machen, ihn niederzuwerfen, hatte diesen [politischen] Zweck bisher gewissermaßen verschlungen. Sowie dieses Gesetz in seiner Kraft nachlässt, diese Absicht von ihrem Ziel zurücktritt, muss der politische Zweck des Krieges wieder hervortreten. Ist die ganze Betrachtung ein Wahrscheinlichkeitskalkül, aus bestimmten Personen und Verhältnissen hervorgehend, so muss der politische Zweck als das ursprüngliche Motiv ein sehr wesentlicher Faktor in diesem Produkt werden. [...] So wird also der politische Zweck als das ursprüngliche Motiv des Krieges das Maß sein, sowohl für das Ziel, welches durch den kriegerischen Akt erreicht werden muss, als für die Anstrengungen, die erforderlich sind. [...] Ein und derselbe politische Zweck kann bei verschiedenen Völkern, oder selbst bei ein und demselben Volk, zu verschiedenen Zeiten ganz verschiedene Wirkungen hervorbringen.

Wir können also den politischen Zweck nur so als das Maß gelten lassen, indem wir uns ihn in Einwirkungen auf die Massen denken, die er bewegen soll, sodass also die Natur dieser Massen in Betrachtung kommt. Dass dadurch das Resultat ein ganz anderes werden kann, je nachdem sich in den Massen Verstärkungs- oder Schwächungsprinzipe für die Handlung finden, ist leicht einzusehen. Es können in zwei Völkern und Staaten sich solche Spannungen, eine solche Summe feindseliger Elemente finden, dass ein an sich sehr geringes politisches Motiv des Krieges eine weit über seine Natur hinausgehende Wirkung, eine wahre Explosion hervorbringen kann" (I.1.11).

Mit diesen abschließenden Worten ist angedeutet, was der berühmte Satz von Clausewitz – Krieg als Fortsetzung der Politik mit anderen Mitteln – zu bedeuten hat. Und es deutet sich in diesen Worten nicht nur das 19. Jahrhundert, sondern bereits das 20. Jahrhundert an – denn es werden die Massen sein, die das Wesen des Politischen bestimmen werden. Doch vorher muss die Masse zur Nation geschmiedet werden, was Fichte zu denken unternehmen wird.

Fichte – Krieg und Nation

> *Aber auch im Kriege und durch gemeinschaftliches Durchkämpfen*
> *desselben wird ein Volk zum Volke.*
> **Entwurf 1813, SW VII, 550**

> *Eine Menschenmenge, durch gemeinsame sie entwickelnde*
> *Geschichte zu Errichtung eines Reiches vereint, nennt man*
> *ein Volk. Dessen Selbstständigkeit und Freiheit besteht darin,*
> *in dem angehobenen Gange aus sich selber sich fortzuentwickeln zu*
> *einem Reiche. Des Volkes Freiheit und Selbstständigkeit*
> *ist angegriffen, wenn der Gang dieser Entwickelung durch irgend*
> *eine Gewalt abgebrochen werden soll.*
> **Staatslehre 1813, SW IV, 412**

Bios: Zwischen Genie und Schicksal

Johann Gottlieb Fichte (1762–1814) kann als der Begründer und wohl wichtigste Wegbereiter des deutschen Idealismus angesehen werden. Er stammt aus Rammenau bei Bischofswerda und kam aus äußerst ärmlichen familiären Verhältnissen. Es ist einem Zufall zu verdanken, dass der Gutsherr Ernst Haubold von Miltitz die überdurchschnittliche Begabung des jungen Fichte erkannte und ihm eine adäquate Schul- und Hochschulbildung zukommen ließ. Schon in seiner Jugend ein glühender Verehrer Kants, besuchte Fichte ihn 1791 in Königsberg und schuf dort in wenigen Tagen – gleichsam als sein Meisterstück – den „Versuch einer Kritik aller Offenbarung", eine Religionsphilosophie im Geiste Kants. Wenige Jahre später erhielt er einen Ruf auf den Reinhold-Lehrstuhl in Jena, den er von 1794 bis 1799 bekleidete. In diesen wenigen Jahren schuf er – als unbestrittener Mittelpunkt des philosophischen Lebens seiner Zeit – grundlegende Werke wie die „Wissenschaftslehre" und die „Bestimmung des Gelehrten" (beide 1794), die „Naturrechtslehre" (1796), die „Wissenschaftslehre nova methodo" (1797) und die „Sittenlehre" (1798), um nur die wichtigsten zu nennen.

Nach dem „Atheismus-Streit", der ihn seine Professur in Jena gekostet hat, zog er nach Berlin weiter, wo er sogleich die „Bestimmung des Menschen" und den „Geschlossenen Handelsstaat" (1800) verfasste. Nach einem kurzen Gastspiel an der Universität in Erlangen kehrte Fichte im preußischen Katastrophenjahr 1806 über Königsberg nach Berlin zurück. Hier verfasste er seine geschichtsphilosophischen bzw. politischen Schriften: „Grundzüge des gegenwärtigen Zeitalters" (1806) und „Reden an die Deutsche Nation" (1808). Während der Kriegsjahre war Fichte zum einen ein flammender Vertreter des deutschen Widerstands und Befreiungskrieges gegen Frankreich (dessen Revolution er in ihren Anfängen noch glühend verteidigt hatte), zum anderen war er intensiv bemüht, sowohl seine Wissenschaftslehre als auch seine Rechts- und Staatslehre immer und immer wieder zu überarbeiten. Aus diesem Ringen um die Vollendung seines großen Systementwurfs wurde er mittelbar durch die Kriegseinflüsse herausgerissen: Zum einen wurden auch seine Studenten an die Front gerufen, was Fichte zu der bewegenden Rede „Über den wahrhaften Begriff des Krieges" (1813) veranlasste, andererseits diente auch seine Frau Johanna als Sanitäterin in einem Lazarett. Dort erkrankte sie an einem Wundbettfieber, mit welchem sie Fichte ansteckte, der daran im Januar 1814 starb.

Es ist unschwer zu erkennen, dass Fichtes Leben im Wesentlichen – ähnlich wie das von Hegel und Clausewitz – von den Revolutionskriegen bzw. den napoleonischen Kriegen geprägt war. Man kann sagen, dass Fichte ein „Kriegsphilosoph" war, dem es nicht vergönnt war, während seiner Schaffensphase – von seinen ersten Schriften, die in etwa zeitgleich mit dem ersten Koalitionskrieg seit 1792 und der Belagerung von Mainz 1793 verfasst wurden, über die preußische Katastrophe von 1806 bis hin zur Überwindung Napoleons 1815 – längere friedliche und geordnete internationale Beziehungen vorzufinden.

Logos: Zwischen Freiheit und Verantwortung

Man kann – trotz dieses kriegerischen zeitgeschichtlichen Hintergrundes – nicht sagen, dass Fichtes Schaffen ausschließlich vom Krieg als Phänomen geprägt war; diese Charakterisierung würde vielmehr auf das Phänomen „Revolution" als Prinzip seines Denkens zutreffen. Was man allerdings zugestehen muss, ist der Umstand, dass Fichtes Schaffen massiv handlungsorientiert ist, dass sich ihm die Tathandlung als die Wahrheit erschließt in seinem Denken, einem Denken, das man zu Recht als „ethischen Idealismus" (etwa Heinz Heimsoeth in seiner bahnbrechenden Fichte-Studie aus dem Jahr 1923) bezeichnet hat. Für Fichte ist es entscheidend zu verstehen, dass sich sein systematisches Denken von Kant herleitet, dass er zeit seines Lebens versucht hat, die seit Descartes klaffende Wunde der Zerrissenheit von *res extensa* und *res cogitans* im Zeichen der menschlichen Freiheit zu schließen, worin sich sein Ansatz von dem Spinozas wesentlich unterscheidet. Für Fichte ist der Mensch das Prinzip, die Substanz (wenn man so möchte) und die Natur die Modalität, während es für Spinoza genau umgekehrt ist: Für ihn ist die Natur (im klassischen Sinn der *physis* verstanden) die göttliche Substanz und der Mensch die bloße Modalität. Von der Methode her sind die beiden Großmeister des Systemdenkens jedoch durchaus miteinander vergleichbar und in der Stringenz und Folgerichtigkeit des Denkens einander durchaus ebenbürtig.

Fichte geht vom absoluten Ich aus (das man keinesfalls als ein Subjekt oder Individuum missverstehen darf), das sich selbst setzt und sodann seinem Ich ein Nicht-Ich (welches man wiederum nicht als Individuum missverstehen darf) entgegensetzt. Letztlich kommt Fichte zu einer theoretischen Wissenschaftslehre, die vom Prinzip geprägt ist, dass das Ich sich setzt als vom Nicht-Ich bestimmt (Realismus); weiters zu einer praktischen Wissenschaftslehre, die vom Prinzip geprägt ist, dass das Ich sich setzt als das Nicht-Ich bestimmend (Idealismus). Die wahre Lehre ist sodann ein „Real-Idealismus" oder „Ideal-Realismus", in welchem beide Momente einander in Wechselwirkung verbunden sind. Der systemisch notwendige Schritt hinaus aus der Metaphysik wird bei Fichte insofern in der Naturrechtslehre getan, als dort, um diese metaphysische Wechselwirkung allererst *zu verwirklichen*, der Andere (das Alter Ego), also ein *intersubjektives* Verhältnis, gesetzt werden *muss*. Dieser Andere kann als Anderer wiederum nur sinnvoll gedacht werden als im Vollzugsverhältnis der *wechselseitigen* Anerkennung stehend, somit nur als freies *und* verantwortliches Wesen. Dieses notwendig *wechselseitige* Anerkennungsverhältnis nennt Fichte – noch ein Jahr vor Kants Rechtsphilosophie von 1797 – „Rechtsverhältnis", zu dessen Institutionalisierung der Mensch gegenüber allen anderen Menschen, derer er zu seiner Wirklichkeit bedarf, gleichsam „metaphysisch" genötigt ist – für Kant wird die wechselseitige Verrechtlichung der Beziehung zwischen freien und verantwortlichen Wesen „nur" ein *moralisch-kategoriales* Recht bzw. eine ebensolche Pflicht sein.

Solcherart hat man ein ursprüngliches Recht auf ein Leben im institutionalisierten Rechtsverhältnis. Warum institutionalisiert? Weil Fichte von Machiavelli und Hobbes seine Lektionen gelernt hat: Man kann und darf nicht davon ausgehen, dass der Mensch, der potenziell vernünftig ist und sittlich unter dem Anspruch der Vernünftigkeit steht, dieser auch tatsächlich entspricht. Daher ist das Rechtsverhältnis zu institutionalisieren.

Polemos: Zwischen Eigentümergesellschaft und Bürgernation

Die Philosophie des Krieges hat bei Fichte – wie schon zeitgleich bei Kant (1795 bzw. 1797) – ein doppeltes Antlitz. Zum einen wird der Krieg als Momentum der Rechtssphäre betrachtet, zum anderen, wie später auch bei Kant, zunächst noch als rechtliches, bei Fichte aber auch als – über Clausewitz' Politikverständnis vermitteltes – sittliches Phänomen. Fichte hat in seinen Rechtslehren, ganz in der klassischen naturrechtlichen Tradition, das Völkerrecht dargestellt, welches im Wesentlichen das Rechtsverhältnis zwischen Staaten behandelt und hierbei vorwiegend vom Krieg und seinem Recht handelt. Im Rahmen dieser völkerrechtlichen Überlegungen geht es Fichte um die Frage der Rechtlichkeit von Krieg. Insofern steht er ganz im Zeichen der naturrechtlichen Tradition. Allerdings erkennt man gerade im Denken Fichtes auch bereits den Aufbruch des Denkens in die Moderne – ein Aufbruch, der sich bei Spinoza als Wetterleuchten bereits am Horizont abgezeichnet hat.

Zu Fichtes völkerrechtlichem Ansatz im Lichte des *Rechts zum Kriege* ist zu sagen, dass dieser im Kontext seiner naturrechtlichen Gesamtkonzeption steht.

Im Mittelpunkt aller Rechtlichkeit des Verhältnisses zwischen zwei Personen steht, wie schon erwähnt, die wechselseitige Anerkennung – so auch übertragen auf die Welt der Staaten in Fichtes Konzeption des Völkerrechts, die sich im II. Anhang zur „Grundlage des Naturrechts" (GNR) von 1796 findet. Das Verhältnis von Staaten untereinander besteht in nichts anderem als in der wechselseitigen Anerkennung und Garantie der Sicherheit der Bürger. Ein solcher Vertrag setzt die legale Verfasstheit des jeweiligen Vertragspartners – zumindest was das Auftreten im Außenverhältnis betrifft – voraus. In diesem Sinne haben Staaten das Recht, über die Binnenlegalität ihrer Vertragspartner zu urteilen, da sie ja ihre wechselseitige Sicherheitsanerkennung auf dieses Legalitätsverhältnis hin durchführen (II. Anhang GNR § 5).

Wie jeder Mensch ein natürliches Zwangsrecht darauf hat, mit seinem Mitmenschen den rechts- und gesetzlosen Naturzustand zu verlassen und in ein rechtliches Verhältnis wechselseitiger Anerkennung einzutreten, so gilt dies auch für Staaten, die ein – vom Urrecht ihrer Bürger – abgeleitetes Recht haben, mit ihren Nachbarstaaten in einem internationalen Rechtsverhältnis zu bestehen. Der Nachbarstaat hat kein Recht, den Nachbarn zu unterwerfen, aber er hat ein Recht dazu, von diesem anerkannt zu werden auf der Grundlage der wechselseitigen Gleichwertigkeit. Verweigert der Nachbarstaat diese das rechtliche Verhältnis begründende Anerkennung, so gibt dieses Verhalten „ein gültiges Recht zum Kriege" (II. Anhang GNR § 6). Ein Volk, das über keine legale Obrigkeit verfügt, kann gezwungen werden, sich eine entsprechende Verfassung zu geben, um solcherart international legal handlungs- und damit anerkennungs- und garantiefähig zu werden (II. Anhang GNR § 7).

Man vermeint in diesen Worten bereits Anklänge an die hochaktuelle Problematik des „failed state" zu erkennen. Neben der wechselseitigen Garantie des Eigentums ihrer Bürger müssen sich benachbarte Staaten auch wechselseitig ihre Grenzen und deren Verlauf garantieren (II. Anhang GNR § 8). Für Fichte jedenfalls ist die Verletzung von Grenzverträgen bzw. die Verweigerung der wechselseitigen Anerkennung der zentrale Grund für einen legitimen Krieg. „Doch verhalte sich dies, wie es wolle: die Verletzung des Vertrags giebt ein Recht zum Kriege, so gut als die versagte Anerkennung. In beiden Fällen zeigt der zu bekriegende Staat, dass mit ihm ein legales Verhältniss nicht möglich ist; dass er selbst sonach gar keine Rechte hat" (II. Anhang GNR § 12).

Nachdem Fichte nunmehr die Frage nach dem Recht zum Kriege dargestellt hat, kommt er zur daraus resultierenden Frage nach dem *Recht im Kriege*: „Das Recht des Kriegs ist, wie [...] alles Zwangsrecht, unendlich. Der bekriegte hat keine Rechte, weil er die Rechte des kriegführenden Staats nicht anerkennen will. – Er bittet etwa späterhin um Friede, und erbietet sich von nun an, gerecht zu seyn. Wie soll aber der Kriegführende überzeugt werden, dass es ihm Ernst sey, und dass er sich nicht bloss eine bessere Gelegenheit ersehen wolle, um ihn zu unterdrücken? Welche Garantie kann er ihm dagegen geben? – Also der natürliche Zweck des Krieges ist immer die Vernichtung des bekriegten Staats, d. i. die Unterwerfung seiner Bürger. – Es kann wohl seyn, dass zuweilen ein Friede (eigentlich nur ein Waffenstillstand) geschlossen wird, weil entweder ein Staat, oder weil beide gegenwärtig entkräftet sind; aber das gegenseitige Mistrauen bleibt, und der Zweck der Unterjochung bleibt gleichfalls bei beiden" (II. Anhang GNR § 13). Dieser dem Denken von Clausewitz verwandte „totale" Charakter des Krieges bei Fichte findet aber sogleich seine „Relativierung" in den folgenden Darlegungen: „Nur die bewaffnete Macht der kriegenden Staaten führt den Krieg; nicht der unbewaffnete Bürger, noch wird er gegen diesen geführt" (II. Anhang GNR § 14).

Aber auch hinsichtlich der Soldaten, also der bewaffneten Macht, hat Fichte ganz klare rechtliche Vorstellungen: „Der entwaffnete Soldat ist gleichfalls nicht mehr Feind, sondern Unterthan. Dass er bei uns Kriegsgefangener wird, um ausgewechselt zu werden, ist eine willkürliche Einrichtung unserer neuen Politik, die schon bei Zeiten darauf denkt, dass sie mit dem Feinde wieder in Unterhandlung treten werde, und überhaupt keinen tüchtigen, vor sich selbst bestehenden Zweck bei ihren Kriegen hat" (II. Anhang GNR § 14). Fichte geht noch einen Schritt weiter in Richtung einer „humanitären Kriegsführung", wenn er schreibt: „Der Zweck eines Kriegszuges ist gar nicht der, zu tödten, sondern nur der, die Bewaffneten, die den Bürger und sein Land bedecken, zu vertreiben und zu entwaffnen. Im Handgemenge, wo Mann an Mann geräth, tödtet einer seinen Gegner, um nicht von ihm getödtet zu werden; zufolge seines eigenen Rechts der Selbsterhaltung, nicht aber zufolge eines ihm von seinem Staate verliehenen Rechts, todt zu schlagen; welches derselbe nicht hat, und folglich auch nicht verleihen kann" (II. Anhang GNR § 14).

Damit hat Fichte sowohl das Recht zum Krieg als auch das Recht im Krieg ausgeführt und dabei manches, was man aus der Tradition kennt, völlig neu gedeutet bzw. moderne Standards der humanitären Kriegsführung ganz konkret mit dem totalen Rechtsanspruch auf Anerkennung und Sicherheitsgarantie zusammengedacht. Es wäre aber nicht Fichte, wenn er in dieser Situation nicht Bedenken ansprechen würde, die aus der geschichtlichen Erfahrung heraus naheliegend sind: Wie kann man gewährleisten, dass nicht der ungerechte Staat, der die Grenzverträge nicht einhält oder gar die Sicherheit nicht garantieren und solcherart die wechselseitige Anerkennung verweigern will, in einem solchen Krieg obsiegt? Ist es die gerechte Sache allein, die den Sieg garantiert? Die Geschichte lehrte das Gegenteil. Daher ist es notwendig, eine entsprechende Macht aufzubauen, die im Zeichen der gerechten Sache (wechselseitige Anerkennung und internationaler Frieden) den gerechten Krieg führt. Eine solche Vereinigung wäre ein Völkerbund – kein Völkerstaat, da es sich um einen freiwilligen wechselseitigen Garantievertrag handeln würde, aber nicht um einen Staat. Diese Überlegungen sind jenen Kants zum „ewigen Frieden" durchaus vergleichbar, doch will Fichte mit dem Völkerbund als System kollektiver Verteidigung einen Krieg gegen äußere Feinde gewinnen, während Kant von einem System kollektiver Sicherheit ausgeht, wonach innerhalb „seines" Völkerbunds Konflikte zwischen den Mitgliedern vermieden werden sollen.

Es gibt bei Fichte – entsprechend seiner allgemeinen Systematik – notwendig eine sittliche Verdichtungsdimension seiner vorerst abstraktrechtlichen Reflexionen über den Krieg. Man muss dabei zwei Perioden unterscheiden. Zum einen die Überlegungen im Rahmen seiner populären Schrift „Reden an die Deutsche Nation" (1808) bzw. des bereits 1806 formulierten „Anhangs" dazu. Beide gruppieren sich um die preußische Katastrophe: 1806 die Niederlage bei Jena und der vernichtende Friede von Tilsit 1807. Vor dem Hintergrund dieser zivilisatorischen Existenzialkrise Preußens sind Fichtes antiaufklärerische Äußerungen zu verstehen. Fichtes Ansatz ist dabei, in Napoleon die Verkörperung eines einzigen Prinzips zu sehen, das der reinen Willkür: „Die tiefste Bedeutung des gegenwärtigen Kampfes ist der Krieg gegen die *Willkür*" (Entwurf 1813, SW VII, 547).

Dieses Motiv zieht sich durch all seine Äußerungen über diesen Krieg, der als ein Krieg der Prinzipien verstanden werden kann, nicht mehr als ein bloßer Krieg über die Frage von Nachbarschaftsstreitig-

keiten oder dynastischer Vorherrschaft: „Der Verfasser des gegenwärtigen Entwurfes sieht den bevorstehenden Krieg also an: Es soll durch
ihn die Frage entschieden werden, ob dasjenige, was die Menschheit
seit ihrem Beginne durch tausendfache Aufopferungen an Ordnung
und Geschicklichkeit, an Sitte, Kunst und Wissenschaft, und fröh-
lichem Aufheben der Augen zum Himmel errungen hat, fortdauern
und nach den Gesetzen der menschlichen Entwickelung fortwachsen
werde; oder ob alles, was Dichter gesungen, Weise gedacht und Helden
vollendet haben, versinken solle in den bodenlosen Schlund einer
Willkür, die durchaus nicht weiss, was sie will, ausser dass sie eben un-
begrenzt und eisern will!", so 1806 seine Einschätzung in der „Anwendung der Beredsamkeit für den gegenwärtigen Krieg" (Anhang Reden,
SW VII, 506ff.).

Während sich dieser „Anhang zu den Reden an die Deutsche Nation" an die Kriegsredner richtet (zu denen sich Fichte selbst gezählt hat),
wendet er sich im folgenden Zitat an die „Krieger" direkt: „Ihr habt
und werdet jetzt erhalten die Gelegenheit, euch dieses eueres Werthes
gewiss zu machen. Vor der Schlacht und in Rücksicht des Krieges: nicht
zu schwanken und nur den Krieg zu wollen, aber fest und besonnen
alle seine Erfolge zu berechnen. In der Schlacht: im Getümmel festen
Sinn in der Brust zu behalten, selber im Tode Sieg, Vaterland, Ewiges zu
denken. Diese Gelegenheit hat kein Anderer also, wie ihr: deshalb seyd
ihr beneidenswerth. Aber durch dies Beispiel allein werdet ihr wirken
auch auf die Anderen, Nerv und Kraft auch in den übrigen Theil der
Nation bringen, die todt und erschlafft war. Nach euch richtet hoffend
der Freund der Menschheit und der Deutschen seinen Blick. An euch
richtet seine Hoffnung sich auf, die niedergeschlagen lag!" (Anhang
Reden, SW VII, 511f.). Es ist bereits erwähnt worden, wie diese letzte
Schlacht des preußischen Ancien Régime 1806 bei Jena und Auerstedt
ausgegangen ist.

Mit erfolgreichem Abschluss ebenso umfassender wie revolutionärer
Staatsreformen war Preußen nach der – nicht unwesentlich den strategischen Überlegungen des in Diensten von Zar Alexander I. stehenden
Clausewitz zu verdankenden – Vernichtung der „Grande Armée" in
Russland (1812) wieder fähig und willens, den Kampf gegen Napoleon
mit frischer Kraft erneut aufzunehmen: 300 000 preußische Bürger-Sol-
daten standen bereit, dem Kriegsaufruf Friedrich Wilhelms von 1813
zu folgen („An Mein Volk"). In ebendiesem Jahr verfasste Fichte seine
Rede „Über den Begriff des wahrhaften Krieges" (im Rahmen seiner

Staatslehre von 1813; SW IV, 401ff.). In dieser Rede spricht Fichte den Krieg als sittliche Anstrengung des gesamten Volkes im Kampfe um sein Überleben als freie Gemeinschaft freier Bürger an. In diesem Jahr entstand auch – als unmittelbare Reaktion auf den Kriegsaufruf Friedrich Wilhelms – das Fragment „Aus dem Entwurfe zu einer politischen Schrift im Frühling 1813" (Entwurf 1813, SW VII, 546ff.).

Fichte diskutiert im „Entwurf" die Frage, wodurch ein Volk ein wahrhaftes Volk, eine Nation werden könne und was dies zu bedeuten habe. Zunächst erkennt er die vielen Irrwege, die sich im Zusammenbruch und Anschluss an denselben im Raum des Heiligen Römischen Reiches Deutscher Nation ereignet haben, wie etwa den folgenden: „In Deutschland wird eigentlich nach der Universalmonarchie gestrebt, weil es auch da am leichtesten geht wegen der Urverwandtschaft aller Stämme: daher das Gegenstreben der einzelnen, besonders kleineren Fürsten. – Setze, ein Staat, z. B. Preussen, erbaute sich nach diesem Muster: so wird es doch immer Kriege geben. Föderativ-Verfassung? Wo soll der stärkere Richter herkommen? Wer will Oestreich oder Preussen zwingen? Auch welche vergebliche Kraftanstrengung! – Es bleibt gar nichts übrig, als dass die Fürsten selbst resigniren und zusammentreten, als ein constituirender Rath. Aber das werden sie nicht wollen und so ists denn aus! Es bleibt drum ganz beim Alten. Die Deutschen scheinen bestimmt sich aufzulösen in Franken, Russen, Oestreicher, Preussen, si diis placet!" (Entwurf 1813, SW VII, 549).

Letztlich kommt er zum Schluss: „Was ist nun das eigentliche Nationale? Ich denke: gegenseitiges Verstehen zwischen Repräsentirten und Repräsentanten, und darauf gegründetes Wechselvertrauen. – Nun giebts etwas, worüber ganz gewiss Einverständniss herauszubringen ist: die bürgerliche Freiheit. Diese wollen alle; kein Volk von Sklaven ist möglich. Nicht mehr umzubilden daher wäre ein Volk, noch zum Anhange eines anderen zu machen, wenn es in einen regelmässigen Fortschritt der freien Verfassung hineingekommen. Dazu also ist es fortzubilden, um seine nationale Existenz zu sichern. Dies ein Hauptgedanke!" (Entwurf 1813, SW VII, 549f.). Doch damit nicht genug; es gibt noch eine zweite Möglichkeit, ein Volk zu gründen: „Aber auch im Kriege und durch gemeinschaftliches Durchkämpfen desselben wird ein Volk zum Volke. Wer den gegenwärtigen Krieg nicht mitführen wird, wird durch kein Decret dem deutschen Volk einverleibt werden können. Dies führt auf den Begriff des wahren Krieges: des

Volkskrieges, zum Unterschiede vom Kriege der Landesherrn. Jener ist durchaus auf Sieg und volle Wiederherstellung gerichtet; das ganze Volk kämpft, und kein Theil desselben darf ihm verloren gehen, kann aufgegeben werden. Wenn alle so denken, so ist nichts zu erobern, als ein leeres Land" (Entwurf 1813, SW VII, 550f.). Damit spricht Fichte den „totalen Krieg" an, durch dessen Führung die vielen Individuen – seien es Menschen, seien es Regionalfürsten – zusammengeschmiedet werden zu einer nationalen Einheit.

Was ist aber die Bestimmung eines solchen Volkskrieges? „Also im eigentlichen Volkskriege kämpft für sein eigenes Ermessen des Zweckes das Volk, nicht für das Interesse oder die Einbildung eines solchen, der abgesondert von ihnen geboren wird und stirbt, durchaus nicht der ihrige ist. Aber der eigentliche Zweck ist ein Unendliches, dem man sich nur annähern kann. Das ist Sache einer Constitution, die sich mitentwickelt: Republik, nicht Willkür, in keinerlei Hinsicht" (Entwurf 1813, SW VII, 553).

In seiner berühmten Rede „Über den Begriff des wahrhaften Krieges", die er im Zusammenhang bzw. zum Abschluss seiner Vorlesung zur Staatslehre 1813 gehalten hat, geht es genau nochmals um diesen Volkskrieg und seine sittliche Dimension. Er beginnt seine Ausführungen mit den Worten: „Lassen Sie uns indess den schulgerechten Vortrag des angekündigten Gegenstandes aufschieben, und uns unterbrechen durch ein allerdings dahin gehörendes Bruchstück, das zudem Zeit und Umgebung uns unmittelbar darbietet: – durch die Frage: Was ist ein eigentlicher – wahrhafter – Krieg, und was liegt in dem Begriffe eines solchen?" (Staatslehre 1813, SW IV, 401).

Fichte geht dabei davon aus, dass man den Krieg nicht isoliert als einen politischen oder militärischen Akt betrachten kann, sondern dass man Krieg nur begreifen kann, wenn man das Leben selbst begriffen hat: „Der Gegensatz in der Ansicht des Krieges gründet sich, und folgt aus einem Gegensatze in der Ansicht des Staates, dieser wieder aus einem in der des menschlichen Lebens überhaupt. Wir müssen ausgehen von diesem letzten, um den ersten in unserer Einsicht klar zu begründen" (Staatslehre 1813, SW IV, 402).

In wenigen kräftigen Strichen skizziert Fichte daraufhin eine problematische Auffassung von „Leben", die jedoch an Aktualität nichts eingebüßt hat und solcherart fast „zeitlos" genannt werden könnte: „Dem gewöhnlichen, natürlichen, unerleuchteten Menschen ist das Leben, das durch die Wahrnehmung ihm gegebene, mithin dermalige, zeitliche und irdische Leben letzter Zweck, Zweck an sich. Denn weiter geht seine klare Erkenntniss nicht: da ists alle; – Nichts jenseits, für dessen Erscheinung ihm wiederum dieses Leben gelte. Das Leben, unbegriffen und bloss angeschaut. [...] Dies – das Leben – das Erste und Höchste. Das Nächste nach ihm die Mittel, dasselbe zu erhalten, es so mächtig, so bequem und so angenehm als möglich zu führen: irdische Güter und Besitzthümer, immer nur bezogen auf Erhaltung und Annehmlichkeit des irdischen Lebens, – und die Wege, um zu diesen zu gelangen, Gewerbfleiss und Handel. Blühende Gewerbe und soviel möglich Menschen durch einander in möglichstem Wohlstande, – dies das höchste Gut, der Himmel auf Erden; etwas Höheres giebt die Erde nicht" (Staatslehre 1813, SW IV, 402f.).

Nunmehr bedarf es der Sicherung dieser höchsten Güter (= „Eigentum"), bedarf es des Staates: „Diese Mittel des Lebens, Eigenthum genannt, wie sie auch zusammengebracht seyen, gegen gewaltsamen Raub jeder Art zu schützen, dazu ist der Staat; er bloss das Mittel dazu, darum das Dritte in der Reihe. – Zuerst das Leben, sodann das Gut, endlich der Staat, der es schützt. [...] Der Staat eine Anstalt der Eigenthümer, die aus dem Naturstande heraus, und vor allem Staate, und ohne alle Kundnehmung des Staates, Eigenthümer sind. Die Staatsgewalt [ist] der Diener dieser Eigenthümer, der von ihnen für diese Dienste bezahlt wird. [...] Es ist den Eigenthümern durchaus gleichgültig, wer sie schützt, wenn sie nur geschützt werden; das einzige Augenmerk dabei ist: so wohlfeil als möglich. Der Staat ist ein nothwendiges Uebel, weil er Geld kostet, man muss aber jedes Uebel so klein machen als möglich" (Staatslehre 1813, SW IV, 403ff.).

Und weiter: „Die Fortdauer des Kampfes verheert das Eigenthum, das höchste Gut das Menschen nächst dem Leben, und bedrohet selbst Leben und Gesundheit, die allerhöchsten Güter. Man muss dieselbe darum durch jedes Mittel abzukürzen suchen: dies ist die höchste Pflicht jedes verständigen Menschen nach ausgebrochenem Kriege. [...] So ist gehandelt in der Seele eines vorurtheilsfreien und aufgeklärten Besitzers, der da Einsicht hat in den Werth der Dinge. Vorurtheile aus barbarischen Zeiten, von göttlicher Einsetzung der Könige, Heiligkeit des Eides, Nationalehre, sind nichts für den, der klar geworden ist über die so einfachen Sätze: dass das Leben das Erste, die Güter das Zweite, und der Staat erst das Dritte. [...] Dies die Eine Art der Ansicht des Lebens, darum des Staates, darum des Krieges" (Staatslehre 1813, SW IV, 406f.).

Dieser Ansicht stellt Fichte nunmehr seine Ansicht der anspruchsvollen Bedeutung von Leben gegenüber, eine Konzeption von Sittlichkeit, die er selten so dicht und pointiert ausgesprochen hat, was wohl
dem Umstand geschuldet ist, dass seine Hörer wenige Stunden später
bereits in den Krieg zu ziehen hatten: „Die sittliche Aufgabe, das göttliche Bild. Das Leben in seiner Ewigkeit, das Mittel dazu; ohne allen
Werth, ausser inwiefern es ist dieses Mittel. Die Freiheit, als die einzige und ausschliessende Bedingung, dass das Leben sey solches Mittel,
darum – als das Einzige, was dem Leben selbst Werth giebt. [...] [Des
zeitlichen Lebens] einziger Zweck ist darum, die Freiheit fürs erste zu
brauchen, wo nicht, zu erhalten, wo nicht, zu erkämpfen; geht es in
diesem Kampfe zu Grunde, so geht es mit Recht zu Grunde, und nach
Wunsch; denn das zeitliche Leben – ein Kampf um Freiheit. Das Leben
selbst, das ewige, geht nicht zu Grunde, keine Gewalt kann es geben
oder nehmen: der Tod ist dann, wo es das zeitliche Leben nicht seyn
konnte, der Befreier. Halten Sie diese in diesem Zusammenhange kla-
ren Sätze fest, weil wir dieselben sodann brauchen werden. // Im Gegensatze mit dieser nimmt die gemeine Ansicht das Leben als Zweck
an sich, nicht als Mittel zur Sittlichkeit und, damit es dies seyn könne,
zur Freiheit seiner selbst: nun hat das Leben, ausser als Mittel, ganz
und gar keinen Werth, ist eine leere täuschende Erscheinung ohne etwas dahinter: jene darum fangen ihre Schätzung der Welt an mit dem
absolut Werthlosen, dem reinen Nichts, treiben darum in allen ihren
Folgerungen sich nur in dem in anderen Formen wiederholten Nichts.
// Zeitliches Leben – ein Kampf um Freiheit, sagten wir – ist doppelt
zu verstehen: Befreiung von den Naturantrieben – innere Freiheit, die
Jeder sich durch sich selbst geben muss. Von der Freiheit Anderer,
– äussere Freiheit, die jeder Einzelne in Gemeinschaft mit Allen durch
Uebereinkunft und Erkennung eines Rechtsverhältnisses [= Reich]
erwirbt. [...] *Eine Menschenmenge, durch gemeinsame sie entwickeln-
de Geschichte zu Errichtung eines Reiches vereint, nennt man ein Volk.*
[kursiv C. S.] [...] Des Volkes Freiheit und Selbstständigkeit ist angegriffen, wenn der Gang dieser Entwickelung durch irgend eine Gewalt
abgebrochen werden soll; [...] Da ist ein eigentlicher Krieg, nicht der
Herrscherfamilien, sondern des Volkes: die allgemeine Freiheit, und
eines Jeden besondere ist bedroht; ohne sie kann er leben gar nicht
wollen, ohne sich für einen Nichtswürdigen zu bekennen. Es ist darum
jedem für die Person und ohne Stellvertretung, – denn jeder soll es
ja für sich selbst thun, – aufgegeben der Kampf auf Leben und Tod.

Sein Charakter: Nur frei hat das Leben Werth: ich muss darum, da die Ueberwindung meiner Freiheit mich beraubt, nicht leben, ohne als Sieger. Der Tod ist dem Mangel der Freiheit weit vorzuziehen. Mein ewiges Leben – dies ist sicher – dies verdiene ich eben durch den Tod, – verwirke es durch ein sklavisches Leben" (Staatslehre 1813, SW IV, 409–413).

Mit diesen Ausführungen, die in dieser Weise zugleich einen Einblick in das Denken und Argumentieren Fichtes vermitteln, vermag man auch heute noch jenes Pathos des national-sittlichen Aufbruchs zu erahnen, der viele Menschen mitgerissen hat im Kampf um Freiheit und nationale Selbstbestimmung. Diese Rede ist sicherlich als ein unschätzbares Zeitzeugnis für das Verständnis des 19. Jahrhunderts zu betrachten, ein Dokument, das auch eine Ahnung erlaubt davon, was bis zum heutigen Tage die sittliche Bedeutung von Krieg sein könnte.

Nietzsche – Krieg und Kultur

> *Es ist eitel Schwärmerei und Schönseelentum, von der Menschheit noch viel (oder gar: erst recht viel) zu erwarten, wenn sie verlernt hat, Kriege zu führen.*
>
> Menschliches, Allzumenschliches, 477

> *Ihr sagt, die gute Sache sei es, die sogar den Krieg heilige? Ich sage euch: Der gute Krieg ist es, der jede Sache heiligt. Der Krieg und der Mut haben mehr große Dinge getan als die Nächstenliebe.*
>
> Also sprach Zarathustra, Zum Krieg und Kriegsvolke

Bios: Zwischen Übermensch und Wahnsinn

Friedrich Nietzsche (1844–1900) ist sicherlich der umstrittenste Philosoph der deutschen, wenn nicht sogar der europäischen Geistesgeschichte. Sein Denken entzieht sich der linearen Einordnung in die Schemata philosophischer Tradition. Ebenso kann man sagen, dass sein Leben in völlig untypischer Weise verlief, geprägt mehr von persönlichen Krisen denn von abstrakter Reflexion. Man kann sein Leben grob in folgende Phasen unterteilen: 25 Jahre Jugend (1844–1869), zehn Jahre Professur (1869–1879), zehn Jahre freies Philosophentum (1879–1889) und elf Jahre geistige Umnachtung (1889–1900). Die Schauplätze seines Lebens waren Deutschland, Schweiz, Frankreich und Italien – dies wurden auch die Nationen seiner stärksten Wirksamkeit.

Seine Jugend (1844–1869) war geprägt von zwei großen Kriegen; den einen hat er im Zuge seiner Schulzeit in Naumburg bereits äußerst kritisch und engagiert zusammen mit seinen beiden Freunden Gustav Krug und Wilhelm Pinder verfolgt: den Krimkrieg (1853–1856) zwischen Russland und dem Osmanischen Reich. Obwohl Preußen ähnlich wie Österreich neutral eher auf Seiten der Pforte stand, hat sich der junge Nietzsche bereits eindeutig für Russland ausgesprochen und – wie Johann Figl in seiner Studie über „Nietzsche und die Religionen" (2007) jüngst aufgewiesen hat – sehr engagierte Reflexionen über die Belagerung „Sepastopols" angestellt. Diesem Krieg hat der zehnjährige Knabe Nietzsche seinen historisch orientierten Erstlingstext gewidmet: „Festungsbuch" (1854). Es ist beachtlich, dass Nietzsche seine ersten intellektuellen Schritte in Auseinandersetzung mit diesem Krieg unternommen hat, einem Krieg, der zu Unrecht in relative Vergessenheit geraten ist; man kann ihn, ohne zu übertreiben, als den ersten modernen Krieg bezeichnen, der in fast allen Dimensionen die kriegerischen Ereignisse des 20. Jahrhunderts paradigmatisch angekündigt hat.

Von 1858 bis 1865 hat Nietzsche seine Ausbildung aufgrund seiner bisherigen überdurchschnittlichen Leistungen am Elite-Internat Schulpforta fortgesetzt. Zwar konnte er 1866 während des Krieges die Einberufung zur preußischen Armee vermeiden, aber schon 1867 wurde er zur Armee als Einjährig-Freiwilliger eingezogen. Doch bereits 1868 erlitt er einen schweren Reitunfall und war in der Folge dienstuntauglich. 1869 bis 1879 lehrte Nietzsche als Professor für Altphilologie an der Universität Basel. Zunächst nahm er im Jahr 1870 als Sanitäter am Deutsch-Französischen Krieg teil, erkrankte aber bald und musste selbst in ärztliche Behandlung und zur Erholung. 1872 veröffentlichte er die „Fünf Vorreden zu fünf ungeschriebenen Büchern" (darunter auch „Der griechische Staat"), im Jahre 1878 sodann „Menschliches, Allzumenschliches", an dem er mehrere Jahre lang gearbeitet hatte. Im Jahr 1879 erkrankte Nietzsche schwer an seinem bereits seit der Schulzeit vorhandenen Leiden (starke Kopf- und Augenschmerzen) und legte sein Lehramt an der Universität Basel zurück.

Von 1879 bis 1889 lebte Nietzsche als freier Philosoph, unstetig auf Reisen. Es erschienen 1883 bis 1885 die vier Teile von „Also sprach Zarathustra", 1889 veröffentlichte Nietzsche noch die „Götzendämmerung". Wenig später erlitt er in Turin einen völligen Zusammenbruch. Nachdem die „produktive Phase" seiner Geisteskrankheit abgeklungen war (in dieser Phase verfasste er zwar größenwahnsinnige, aber letztlich tief philosophische, auf seine Lehre bezogene Texte), verfiel er in einen Dämmerzustand, der bis zu seinem Tod im Jahre 1900 anhalten sollte.

Entscheidend für die Einschätzung Nietzsches ist die problematische Rolle, die seine Schwester Elisabeth Förster-Nietzsche (1846–1935) für sein Leben – und noch stärker für sein Werk – gespielt hat. Seit ihrer Rückkehr aus Paraguay (1893) war Elisabeth darum bemüht, das Schaffen ihres Bruders nicht nur gebührend zur Geltung zu bringen, sondern auch durch manipulative Aufarbeitung im Sinne einer deutsch-nationalen Lesart hochpolitisch aufzuladen und solcherart kontraintentional missbrauchbar zu machen. Erst im Laufe des 20. Jahrhunderts ist es gelungen, in historisch-kritischer Weise das ursprüngliche, hochgradig kulturkritisch-tragische spätromantische Wesen von Nietzsches Werken herauszuarbeiten. Nietzsche hat in Wahrheit eine Denktradition zum tragischen Höhepunkt geführt, die mit Rousseau eingesetzt, sich – über die Romantik vermittelt – in Dostojewskij fortgesetzt und letztlich in das Denken des Existenzialismus geführt hat.

Logos: Zwischen edlem Humanismus und tragischer Größe

Die „bedenkliche" Lehre Nietzsches entzieht sich einer unmittelbaren systematischen Einordnung – er hat vieles aphoristisch, manches auch bewusst paradoxal zum Ausdruck gebracht, dabei die Sphären von Philosophie, Philologie und Psychologie verbindend. Manche sehen in ihm „nur" einen genialen Schriftsteller und keinen eigentlichen „Philosophen". Man wird allerdings – wenn man das Wesen der Philosophie mehr in der Radikalität der Fragestellung denn in der systematischen Ordnung möglicher Antwortableitungen sieht – nicht umhin können, Nietzsche doch als einen tiefsinnigen Denker betrachten zu müssen, der letztlich in seiner gewaltigen, wenn nicht streckenweise sogar gewaltsamen Sprachlichkeit Dinge ans Licht bzw. zu Papier gebracht hat, die das 20. und – so steht zu erwarten – auch noch das 21. Jahrhundert wesentlich prägen werden: Es geht um heuchlerische Doppelmoral, um gesellschaftliche Vermassung, um kulturelle Sinn- und Wertkrise, um

staatliche Instrumentalität, um blinde Fortschrittsgläubigkeit – kurz:
um Dekadenz und Verneinung des Lebens und der selbstzuverantwor-
tenden Gestaltung der Welt *hic et nunc.*

Das Begriffspaar, das in diesem Zusammenhang – streckenweise
traurige – Berühmtheit erlangt hat, ist „Übermensch" vs. „Letzter
Mensch": der „Übermensch" als ein renaissanceartig-olympisches
Idol wahrhaft freien und selbstbestimmten Menschentums, während
der „Letzte Mensch" gleichermaßen Träger und Produkt der dahin-
fließenden „Moderne" ist und vom Wohlergehen als dem innersten
Nutzen aller Dinge geleitet wird – diese Spannung wird v. a. im „Zarathustra" angesprochen. In analoger Weise ist von „Herrenmoral"
und von „Sklavenmoral" bei Nietzsche die Rede. Die „Sklavenmoral"
ist zunächst geprägt vom Ressentiment gegen die Vornehmen und von
der moralischen Bewertung dieser Vornehmen als „böse", um sich sodann selbst als eigentlich „gut" begreifen und – in einer als jenseitig
konzipierten Welt – somit selbst zum eigentlichen „Herren" machen zu
können. Demgegenüber ist der „Wille zur Macht" (ein ebenfalls mehr
als missverständlicher Ausdruck) als anthropologisches Momentum
– und nicht als politische Maxime – gedacht: Macht als Wesen der
Gestaltung, der Aktivität, des autonomen Handelns. Zu dieser Macht
drängt der wahre Wille des Lebens; anders als bei Schopenhauer geht es
also bei Nietzsche nicht um die Überwindung des Willens zum Leben,
sondern gerade um die Bejahung des Willens zum gestaltenden und
selbstgestalteten Leben. Paradigmatisch hält Nietzsche – wie vor ihm
schon Hölderlin – das klassische Griechentum der zeitgenössischen
(deutschen) Gesellschaft als Spiegel und Beweis ihrer Dekadenz vor
Augen.

Doch auch im antiken Griechenland ist Nietzsche als Kritiker unter-
wegs: Er bekämpft die platonische Metaphysik der daimonischen Idee
der sokratischen Aufklärung, die die Wahrheit eines bloß scheinbar
wirklichen Lebens ist und nur durch kontemplative Reflexion – als
„Geist, der stets verneint" – erfasst werden kann. Für Nietzsche ist das
Leben selbst lebendig und muss in vollen Zügen gelebt und von jedem
Einzelnen selbst gestaltet und gemeistert werden. In seinem Wort von
der „ewigen Wiederkunft" möchte er zum Ausdruck bringen, dass man
sein Leben so zu führen habe, dass man dessen Wiederkehr nicht nur
ertragen, sondern sogar begrüßen könne. Letztlich liegt aller Dekadenz
der Umstand zugrunde, dass „Gott tot sei" (vgl. „Der tolle Mensch" in
„Die fröhliche Wissenschaft", 125), wodurch Nietzsche nicht so sehr

den Tod Gottes gefordert als vielmehr kulturkritisch diagnostiziert hat. Man kann diesen Aspekt in abgewandelter Form in den Schriften Dostojewskijs, die Nietzsche – seit er ab 1887 von ihnen wusste – über alle Maßen („Seelenverwandtschaft") geschätzt hat, auffinden, etwa im „Kellerloch" (1864) oder „Großinquisitor" (1880).

Letztlich stellt sich die Frage, worin das Verhältnis Nietzsches zum Christentum wirklich bestand: War es agnostische Ablehnung oder erbittertster Kampf um den eigenen Glauben? Der existenzielle Kampf jedenfalls, der Krieg, hatte es Nietzsche in seinem Denken stets angetan. Nicht umsonst ist Heraklit einer der philosophischen Leitfiguren des mit sich selbst bis in den Tod ringenden Nietzsche.

Polemos: Zwischen Kulturkampf und Zusammenbruch

Wie schon erwähnt, ist es nicht möglich, Nietzsche im Lichte einer systematischen Ableitung von Begriffen zu fassen. Das kann man mit seinem aufgewühlten und aufwühlenden Denken nicht machen – er selbst hat sich einer solchen „Vereinnahmung" auch widersetzt durch die Art und Weise seines Wirkens. Dennoch kann man einige zentrale Äußerungen Nietzsches zum Krieg auffinden, die man allerdings im Lichte jener spätromantischen Ironie lesen muss, die sein Denken durchwegs prägt. Es wäre wohl völlig falsch, seine Worte so zu lesen, als ob sie ein Gelehrter wie Immanuel Kant verfasst hätte. Man muss das Phänomen „Nietzsche" so fassen, wie es wohl einzig zu verstehen ist – aphoristisch. In diesem Sinne sind auch seine Worte über den Krieg zu lesen – als sprachlich gewaltsamer Aufschrei gegen eine kalte Rationalität und heuchlerische Wertmetaphysik des Guten und des Bösen. Nietzsche vermag vielleicht im Ringen um seine Umwertung aller Werte gescheitert sein, aber das Projekt steht nach wie vor auf der Agenda des europäischen Denkens.

Im Text „Der griechische Staat" (3. Vorrede zu „Fünf ungeschriebenen Büchern") geht Nietzsche erstmals ausführlich auf den Krieg ein – zunächst noch mittels politischer Anaylse vor dem soziokulturellen Hintergrund des antiken griechischen Stadtstaates: „So sei es denn ausgesprochen, dass der Krieg für den Staat eine ebensolche Notwendigkeit ist wie der Sklave für die Gesellschaft: Und wer möchte sich diesen Erkenntnissen entziehn können, wenn er sich ehrlich nach den Gründen der unerreichten griechischen Kunstvollendung fragt? Wer den Krieg und seine uniformierte Möglichkeit, den Soldatenstand, in

Bezug auf das bisher geschilderte Wesen des Staates betrachtet, muss zu der Einsicht kommen, dass durch den Krieg und im Soldatenstande uns ein Abbild, oder gar vielleicht das Urbild des Staates vor Augen gestellt wird." In diesen Worten zeigt sich bereits Nietzsches sittliches Kriegsverständnis, hier lässt sich seine spätere radikale Kritik der Kultur und Politik, wie sie sich wenige Jahre später endgültig manifestieren sollte, bereits erahnen.

Nietzsches sodann radikal-philosophische Gedanken zum Krieg sind zunächst in „Menschliches, Allzumenschliches" (1878), noch in Basel verfasst, zutage getreten. Im Aphorismus 187 führt er aus: „Krieg als Heilmittel. – Matt und erbärmlich werdenden Völkern mag der Krieg als Heilmittel anzuraten sein, falls sie nämlich durchaus noch fortleben wollen: Denn es gibt für die Völker-Schwindsucht auch eine Brutalitäts-Kur. Das ewige Leben-wollen und Nicht-sterben-Können ist aber selber schon ein Zeichen von Greisenhaftigkeit der Empfindung: Je voller und tüchtiger man lebt, umso schneller ist man bereit, das Leben für eine einzige gute Empfindung dahinzugeben. Ein Volk, das so lebt und empfindet, hat die Kriege nicht nötig." Bereits in diesen Zeilen wird Nietzsches Verzweiflung am gesellschaftlichen Dekadenzprozess sichtbar. Dass Nietzsche in dieser Ansicht bekanntlich Hegel folgt, sei nur am Rande erwähnt.

Doch sollte man Nietzsche jetzt nicht unterstellen, dass er ein inhumaner Bellizist sei. Schon einer der nächsten Aphorismen (284) zeugt von einer anderen Sichtweise auf den Krieg: „Das Mittel zum wirklichen Frieden. – Keine Regierung gibt jetzt zu, dass sie das Heer unterhalte, um gelegentliche Eroberungsgelüste zu befriedigen; sondern der Verteidigung soll es dienen. Jene Moral, welche die Notwehr billigt, wird als ihre Fürsprecherin angerufen. Das heißt aber: sich die Moralität und dem Nachbar die Immoralität vorbehalten [...] Diese Voraussetzung ist aber eine Inhumanität, so schlimm und schlimmer als der Krieg: Ja, im Grunde ist sie schon die Aufforderung und Ursache zu Kriegen, weil sie, wie gesagt, dem Nachbar die Immoralität unterschiebt und dadurch die feindselige Gesinnung und Tat zu provozieren scheint." Diese Worte könnten den Eindruck erwecken, Nietzsche wäre ein radikaler Pazifist, der – jeglichem Realismus in den internationalen Beziehungen abschwörend – aus den Schwertern Pflugscharen machen möchte und den „gerechten" Krieg als zynisches Instrument der Politik bzw. der Moral betrachtet, einer Politik bzw. Moral, die er nicht müde wird zu kritisieren.

Wieder mehr im hegelianischen Fahrwasser der kulturkritischen Auffassung von Krieg steht der Aphorismus 444: „Krieg. – Zuungunsten des Krieges kann man sagen: Er macht den Sieger dumm, den Besiegten boshaft. Zugunsten des Krieges: Er barbarisiert in beiden ebengenannten Wirkungen und macht dadurch natürlicher; er ist für die Kultur Schlaf- oder Winterszeit, der Mensch kommt kräftiger zum Guten und Bösen aus ihm heraus."

Ebenso muss wohl der Aphorismus 477 als ein Zentralargument der Kulturkritik begriffen werden: „Der Krieg unentbehrlich. – Es ist eitel Schwärmerei und Schönseelentum, von der Menschheit noch viel (oder gar: erst recht viel) zu erwarten, wenn sie verlernt hat, Kriege zu führen. Einstweilen kennen wir keine anderen Mittel, wodurch matt werdenden Völkern jene raue Energie des Feldlagers, jener tiefe unpersönliche Hass, jene Mörder-Kaltblütigkeit mit gutem Gewissen, jene gemeinsame organisierende Glut in der Vernichtung des Feindes, jene stolze Gleichgültigkeit gegen große Verluste, gegen das eigene Dasein und das der Befreundeten, jenes dumpfe erdbebenhafte Erschüttern der Seele ebenso stark und sicher mitgeteilt werden könnte, wie dies jeder große Krieg tut: Von den hier hervorbrechenden Bächen und Strömen, welche freilich Steine und Unrat aller Art mit sich wälzen und die Wiesen zarter Kulturen zugrunde richten, werden nachher unter günstigen Umständen die Räderwerke in den Werkstätten des Geistes mit neuer Kraft umgedreht. Die Kultur kann die Leidenschaften, Laster und Bosheiten durchaus nicht entbehren. – […] Man wird noch vielerlei […] Surrogate des Krieges ausfindig machen, aber vielleicht durch sie immer mehr einsehen, dass eine solche hochkultivierte und daher notwendig matte Menschheit, wie die der jetzigen Europäer, nicht nur der Kriege, sondern der größten und furchtbarsten Kriege – also zeitweiliger Rückfälle in die Barbarei – bedarf, um nicht an den Mitteln der Kultur ihre Kultur und ihr Dasein selber einzubüßen."

In seinem Hauptwerk „Also sprach Zarathustra", das in den Jahren 1883–1885 verfasst und als eine Art neues Evangelium konzipiert wurde, ist eine eigene Rede Zarathustras dem „Krieg und Kriegsvolk" gewidmet: „Vom Krieg und Kriegsvolke. Von unsern besten Feinden wollen wir nicht geschont sein, und auch von denen nicht, welche wir von Grund aus lieben. So lasst mich denn euch die Wahrheit sagen! Meine Brüder im Kriege! Ich liebe euch von Grund aus, ich bin und war euresgleichen. Und ich bin auch euer bester Feind. So lasst mich denn euch die Wahrheit sagen! […] Euren Feind sollt ihr suchen, euren Krieg sollt ihr führen, und für eure Gedanken! Und wenn euer Gedanke unterliegt, so soll eure Redlichkeit darüber noch Triumph rufen! Ihr sollt den Frieden lieben als Mittel zu neuen Kriegen. Und den kurzen Frieden mehr als den langen. Euch rate ich nicht zur Arbeit, sondern zum Kampfe. Euch rate ich nicht zum Frieden, sondern zum Siege. Eure Arbeit sei ein Kampf, euer Friede sei ein Sieg! […] Ihr sagt, die gute Sache sei es, die sogar den Krieg heilige? Ich sage euch: Der gute Krieg ist es, der jede Sache heiligt. […] Ihr dürft nur Feinde haben, die zu hassen sind, aber nicht Feinde zum Verachten. Ihr müsst stolz auf euern Feind sein: dann sind die Erfolge eures Feindes auch eure Erfolge. Auflehnung – das ist die Vornehmheit am Sklaven. Eure Vornehmheit sei Gehorsam! Euer Befehlen selber sei ein Gehorchen! […] Euren höchsten Gedanken aber sollt ihr euch von mir befehlen lassen – und er lautet: Der Mensch ist etwas, das überwunden werden soll. So lebt euer Leben des Gehorsams und des Krieges! Was liegt am Lang-Leben! Welcher Krieger will geschont sein! Ich schone euch nicht, ich liebe euch von Grund aus, meine Brüder im Kriege! – Also sprach Zarathustra." Wer diese Zeilen als Poesie und nicht als Prosa zu lesen vermag, dem wird klar, dass Nietzsche hier von einem anderen Krieg spricht, nicht von der modernen militärischen Auseinandersetzung auf dem Schlachtfeld unter Einsatz von Massenvernichtungswaffen.

In seinem letzten Werk, der „Götzendämmerung" (1889), geht Nietzsche schließlich im Vorwort auf den seinem Denken seit geraumer Zeit zugrundeliegenden persönlich-schicksalhaften Kampf ein: „Eine Umwertung aller Werte, dies Fragezeichen so schwarz, so ungeheuer, dass es Schatten auf den wirft, der es setzt – ein solches Schicksal von Aufgabe zwingt jeden Augenblick, in die Sonne zu laufen, einen schweren, allzuschwer gewordenen Ernst von sich zu schütteln. Jedes Mittel ist dazu recht, jeder ‚Fall' ein Glücksfall. Vor allem der Krieg. Der Krieg war immer die große Klugheit aller zu innerlich, zu tief gewordenen Geister; selbst in der Verwundung liegt noch Heilkraft. Ein Spruch, dessen Herkunft ich der gelehrten Neugierde vorenthalte, war seit Langem mein Wahlspruch: ‚increscunt animi, virescit volnere virtus'. […] Diese kleine Schrift ist eine große Kriegserklärung; und was das Aushorchen von Götzen anbetrifft, so sind es diesmal keine Zeitgötzen, sondern ewige Götzen, an die hier mit dem Hammer wie mit einer Stimmgabel gerührt wird – […] Turin, am 30. September 1888, am Tage, da das I. Buch der Umwertung aller Werte zu Ende kam. Friedrich Nietzsche" (Vorwort). Und wenige Tage vor seinem eigenen Zusammenbruch formulierte Nietzsche noch den berühmt-berüchtigten Satz: „Aus der Kriegsschule des Lebens. – Was mich nicht umbringt, macht mich stärker" – (Sprüche und Pfeile, 8) – *es* sollte ihn um den Verstand bringen …

5

Epilog: Krieg als Sein – Heidegger

Heidegger wird nach seiner Kehre vom Frühromantiker Hölder-
lin („Götternacht") und vom Spätromantiker Nietzsche („Götzen-
dämmerung") in die wiederum dunklen Gefilde vorsokratischen
Denkens zurückgewiesen. In der ursprünglichen Auseinander-
setzung mit Heraklits entbergendem Verständnis von Logos wird
Heidegger klar, dass der Polemos als diese sich entbergende Weise
des Logos-Seins west und im Krieg das wahre Wesen von Sein
sich erschließt. Damit überwindet Heidegger das nietzscheanische
Scheitern am fichteanischen Ideal des versittlichenden Krieges und
erweist Heraklit als den dunklen Trost der Philosophie.

Kehren wir am Ende des Weges zu seinem Ausgangspunkt zurück
– aber diesmal nicht unmittelbar, sondern in der Vermittlung Martin Heideggers (1889–1976), einem der wichtigsten Philosophen des
20. Jahrhunderts. Auch er kann als Denker im Lichte des Krieges gesehen werden, hat er doch immerhin den Ersten Weltkrieg (1914–1918),
den Zweiten Weltkrieg (1939–1945), den Koreakrieg (1950–1953), den
Vietnamkrieg (1961–1974) sowie die vielen anderen Kriege, die in
Summe den Kalten Krieg darstellen, als Zeitgenosse erlebt. Heidegger
selbst hat bekanntlich ein äußerst zurückgezogenes und bescheidenes
Gelehrtendasein im alemannischen Schwarzwald sowie an den nahen
Universitäten Freiburg und Marburg geführt – seine Zurückgezogen-
heit mag an Kant erinnern.

   Heidegger geht es in seiner Philosophie – auf verschlungenen Wegen und unter Schaffung einer neuen Begrifflichkeit – um die nach
Kant nochmalige Zerstörung der klassischen Metaphysik seit Platon
und Aristoteles. Im Kern ist es sein Anliegen, die „Seinsvergessenheit"
der herkömmlichen europäischen Metaphysik zu überwinden, da nur
solcherart der Technisierung der Naturwissenschaften und damit der
Degradierung der Natur hin zum bloßen Material menschlicher Mani-

pulation Einhalt geboten werden kann. Ontologisch geht es darum, dass das Seiende nicht mit dem ihm zugrundeliegenden Sein verwechselt werden darf. Die Verdinglichung des Seins (seine irrtümliche Vergegenständlichung mittels des Verstandes anstelle der wahrhaftigen Vernehmung durch die Vernunft, wie es in Heideggers Sprache heißt) ist zurückzunehmen, das Sein ist radikal zu befragen und damit alles Seiende in die Frage zu stellen, aus der verbergenden Geborgenheit der Seinsvergessenheit herauszureißen und zu lichten, ins Licht zu stellen, aufzuklären.

Das Sein wird von Heidegger anhand des menschlichen Daseins untersucht und als Lebensvollzug gedeutet: als *dynamis*, als Bewegung, die sich auf das ihr immanente Nichts hinbewegt, nämlich den Tod. Im Lichte des Todes ist man gezwungen, das je eigene Leben, jenseits der äußerlichen Belanglosigkeit, wahrzunehmen und bewusst zu führen. Um dies tun zu können, muss man das Dasein des Menschen als „eksistent" (!) begreifen, als in das Nichts hinausragend. Es geht bei Heidegger nicht nur um die ontologische Entbergung des Seins, um die Überwindung der Seinsvergessenheit, sondern auch um die Geworfenheit des Daseins, um den Verlust einer trügerischen Geborgenheit im Seienden. Mit Kierkegaard sind Angst und Sorge zentrale Ausgangspunkte des so radikalen wie ernsthaften Ansatzes von Heidegger, den Menschen in seiner bloßen Seins-Geworfenheit zu entlarven.

Doch in diesem Moment, nach der Veröffentlichung von „Sein und Zeit" (1927), ereignet sich die „Kehre" in Heideggers Denken: Er verfolgt zwar noch das nämliche Ziel, die metaphysische Seinsvergessenheit zu überwinden, aber dies geschieht fortan nicht mehr in der – letztlich doch wieder metaphysischen – Analyse des (privaten) menschlichen Daseins. Heidegger kehrt die Richtung seines Denkens (in fruchtbarer Auseinandersetzung mit Nietzsche) um in Richtung eines vorsokratischen Denkens: Der sokratische Dämon des biedermeierlichen Daseins ist in seine Seins-Ursprünge zurückzutreiben, in seiner eigentlichen Wahrheit zu offenbaren; auch das Dasein *ist*, es sind solcherart ursprünglichere Ursprünge aufzusuchen; die Vorsokratiker treten in den Mittelpunkt der Suche nach der *arché*, dem Anfang der Metaphysik.

Ob diese „Kehre" – *weg* vom menschlichen Einzelschicksal und seiner tragischen Geworfenheit im Dasein und *hin* zum universalen (wenn man so möchte „totalitären") Blick auf das ebenso totale Sein als öffentliche Instanz – selbst wiederum mehr philosophisch-systematische oder aber doch (auch) biographische bzw. politische Hintergründe hat, mag in unserem Zusammenhang dahingestellt bleiben. Jedenfalls nimmt Heidegger in dieser Phase den Menschen zurück aus der ersten Reihe seines philosophischen Interesses, stellt ihn zurück hinter die wahrhaft mächtigen Vollzüge des (weltpolitischen) Geschicks – das Sein selbst. „Das Sein [ist] weder ein Gemächte des Menschen noch der Mensch nur ein Sonderfall innerhalb des Seienden", sagt Heidegger 1953 in seinem Vortrag „Wer ist Nietzsches Zarathustra?" unter Bezugnahme auf Nietzsches „Ewige Wiederkunft des Gleichen", worin das Sein des Seienden zu „vernehmen" ist, und seinen „Übermenschen", der diesem Sein entspricht. Der sterbliche Mensch ist solcherart nicht „Herr", sondern bloßer „Hirte des Seins", so Volker Spierling dazu treffend in seiner „Kleinen Geschichte der Philosophie" aus dem Jahr 1990.

Die „Kehre" zum „dunklen" Heraklit

In diesem radikalen Denken wird Heidegger somit zurückgewiesen auf die vorsokratische Philosophie, v. a. auf Heraklit. Dieser metasubjektive, vorsokratische „dunkle" Denker stellt das private Individuum noch nicht in das Zentrum universaler Vernünftigkeit, er muss den Menschen noch nicht von seiner subjektivistisch-individualistischen Hybris befreien, da er dieser konzeptiv noch nicht verfallen ist. Alle menschliche Hybris-Individualität wird in jenen dunklen Zeiten vom immanent-schaffenden Seins-Logos ferngehalten und in den olympischen Mythos ausgelagert, wie seit Hesiods „Theogonie" geschehen. Logos, das ist die alles umgreifende dynamische Gesetzlichkeit der Natur (*physis*), aber nicht die Funktion bzw. das Vermögen menschlicher Subjektivität. Diese war in die Welt der olympischen Götter als seiende Individuen projiziert und damit fixiert.

Die abendländische monotheistische Metaphysik ist zwar zum eigentlichen Sein vorgedrungen, hat aber dieses dann nicht in den Mittelpunkt des Denkens gerückt, sondern – in olympischer Manier – eben nur Einem Seienden gleichsam auslagernd überantwortet und den Einen Gott dafür gesetzt. Die Vielen hingegen sind ihrer individuellen Hybris überantwortet und ringen um Erlösung und solcherart um Überwindung des sie von dem göttlichen Logos trennenden Grabens. Diese anthropozentrische Lesart der Tradition zu überwinden, dazu schickte sich bereits Spinoza mit seinem Substantia-sive-deus-sive-natura-Begriff an, aber auch der Heidegger der „Kehre" beschreitet diesen Weg, der im Sein selbst das Wesen sieht und es aufgibt, dieses im Dasein des leidenden Individuums festzumachen.

Solcherart tritt der dunkle Heraklit wieder in das Licht des reflexiven Interesses, die Lehre vom Polemos: Der Konflikt, als (unentrinnbares) dynamisches Seinsprinzip, gelangt bei Heidegger zu neuen Ehren, zumindest tritt im Denken Heideggers jenes metaphysische Sein mit aller Gewalt ans Licht der Geschichte, das man im politischen Diskurs „totalitär" nennen wird. Dass Heraklit dem „gekehrten" Heidegger mehr zu künden hat als die universelle Vaterschaft des Krieges, lässt sich bereits seiner Übersetzung des Fragments 53 entnehmen: „Auseinandersetzung ist allem (Anwesenden) zwar Erzeuger (der aufgehen lässt), allem aber (auch) waltender Bewahrer. Sie lässt nämlich die einen als Götter erscheinen, die anderen als Menschen, die einen stellt sie her(aus) als Knechte, die anderen als Freie" (Einführung in die Metaphysik, 47).

Aber mit dieser Neuübersetzung nicht genug, Heidegger erläutert sogleich im Anschluss: „Der hier genannte *polemos* ist ein vor allem Göttlichen und Menschlichen waltender Streit, kein Krieg nach menschlicher Weise. Der von Heraklit gedachte Kampf lässt im Gegeneinander das Wesende allererst auseinandertreten, lässt Stellung und Stand und Rang im Anwesen erst beziehen. In solchem Auseinandertreten eröffnen sich Klüfte, Abstände, Weiten und Fugen. In der Aus-einandersetzung wird Welt. (Die Auseinandersetzung trennt weder, noch zerstört sie gar die Einheit. Sie bildet diese, ist Sammlung (*logos*). *Polemos* und *logos* sind dasselbe.)" (Einführung in die Metaphysik, 47).

Diese Worte mögen als Abschluss unserer Überlegungen zum Begriff des Krieges dienen: Polemos und Logos sind dasselbe – und beides *ist* vor allem Göttlichen und Menschlichen. Hier haben wir erneut die Kerneinsicht des dunklen Heraklit, an der sich die Hybris des immer schon nur scheinaufgeklärten Hyperindividualismus bricht – die „tragische" Ureinheit von Krieg und Vernunft rechtfertigt es, sich dem Begriff des Krieges mit allem gebotenen Ernst zuzuwenden! Aber wie hat es Heidegger formuliert (wir erwähnten es bereits): „Das Sein ist kein Gemächte des Menschen" – ist das der metaphysische Kern einer Kapitulation vor dem „totalen Krieg" als Ausdruck totaler Verfügbarkeit, totaler Manipulation, totaler Instrumentalisierung des Menschen durch das technische Zeitalter, das zeitgleich – aber auch wesensgleich – das massendemokratische Zeitalter ist? Oder harrt das postmoderne Denken im Lichte dieses Wortes des vorsokratischen Heidegger eines neuen Sokrates, der die persönliche Verantwortung in moralischer Unmittelbarkeit – den mahnenden Dämon – wieder zu Wort, zum Logos kommen lässt, der den Kampf erneut aufnimmt gegen die operative Totalität des prozeduralen Seins? In jedem Falle ist gleichermaßen Demut wie Mut angesagt im Angesicht des immerwährenden Krieges.

Anhang

Literatur

Aron, Raymond: Paix et guerre entre les nations. Paris: Calmann-Lévy 1962.
— Penser la guerre. Clausewitz. 2 Bde. Paris: Galimard 1976.
Augustinus, Aurelius: Des heiligen Kirchenvaters Aurelius Augustinus ausge-
wählte Schriften. 3 Bde., übers. von Alfred Schröder. Kempten–München:
Kösel 1911–1916 (www.unifr.ch/bkv).
— Reibstein, Ernst: Völkerrecht. Eine Geschichte seiner Ideen in Lehre und
Praxis. Band I: Von der Antike bis zur Aufklärung. Freiburg/Br.–München:
Alber 1958, 134f. (Nachweise zu „Contra Faustum").
Axinn, Sidney: A Moral Military. Philadelphia: Temple University 1989.
Barnett, Thomas P. M.: The Pentagon's New Map. War and Peace in the Twenty-
first Century. New York: G. P. Putnam's Sons / Penguin 2004.
Baumann, Dieter (Hg.): Militärethik. Theologische, menschenrechtliche und
militärwissenschaftliche Perspektiven. Stuttgart: Kohlhammer 2007.
Beck, Ulrich: Der kosmopolitische Blick oder: Krieg ist Frieden. Frankfurt/M.:
Suhrkamp 2004.
Beyrau, Dietrich, u. a. (Hg.): Formen des Krieges. Von der Antike bis zur
Gegenwart. Paderborn u. a.: Schöningh 2007.
Bouthoul, Gaston: Les guerres. Éléments de la polémologie. Paris: Payot 1951.
— La guerre. Paris: Universitaires de France 1953.
— Sauver la guerre. Lettre aux futurs survivants. Paris: Grasset 1961.
Braun, Karl-Heinz (Hg.): Beiträge zum modernen Kriegsbegriff. Wiener Neu-
stadt: armis et litteris 2008.
Brown, Michael J., u. a. (Hg.): Theories of War and Peace. Cambridge–London:
MIT 1998.
Cardini, Franco: La culture de la guerre. Paris: Gallimard 1992.
Christopher, Paul (Hg.): The Ethics of War & Peace. An Introduction to Legal
and Moral Issues. New Jersey: Prentice Hall 1994.
Cicero, Marcus Tullius: De Re Publica / Vom Gemeinwesen. Lateinisch und
Deutsch, hg. von Karl Büchner. Stuttgart: Reclam 1979.
— De Officiis / Vom pflichtgemäßen Handeln. Lateinisch und Deutsch,
hg. von Heinz Gunermann. Stuttgart: Reclam 1986.

Clausewitz, Carl von: Preußen in seiner großen Katastrophe. Wien: Karolinger 2001 (1823/24).

— Vom Kriege. Berlin: Dümmler 1832 (www.gutenberg.spiegel.de).

Clausewitz-Gesellschaft (Hg.): Freiheit ohne Krieg? Bonn: Dümmler 1980.

Cleary, Thomas (Hg.): Sun Tus. Wahrhaft siegt, wer nicht kämpft. Die Kunst des Krieges. München–Zürich: Piper 2001.

Coates, Anthony J.: The Ethics of War. Manchester–New York: Manchester University 1997.

Copeland, Dale C.: The Origins of Major War. Ithaca–London: Cornell University 2000.

Creveld, Martin van: Die Zukunft des Krieges. Hamburg: Murmann 2004.

— The Culture of War. New York: Presidio 2008.

— Die Gesichter des Krieges. Der Wandel bewaffneter Konflikte von 1900 bis heute. München: Siedler 2009.

Даниленко, И. С.: Русские философы о войне. Москва-Жуковский: Кучково поле 2005 [Danilenko, I. S.: Russische Philosophen über den Krieg. Moskau–Schukowskij: Kutschkowo Polje 2005].

Dießenbacher, Hartmut: Kriege der Zukunft. Die Bevölkerungsexplosion gefährdet den Frieden. München–Wien: Hanser 1998.

Duhm, Dieter: Zukunft ohne Krieg. Theorie der globalen Heilung. Wiesenburg: Meiga 2006.

Etzersdorfer, Irene: Krieg. Eine Einführung in die Theorien bewaffneter Konflikte. Wien u. a.: Böhlau 2007.

Evans, David: War. A Matter of Principles. London: Macmillan 1997.

Feichtinger, Barbara / Seng, Helmut (Hg.): Krieg und Kultur. Konstanz: Universitätsverlag 2007.

Ferguson, Niall: The Pity of War. New York: Basic Books 1999.

Fichte, Johann Gottlieb: Sämtliche Werke. 8 Bde., hg. von Immanuel H. Fichte. Berlin: Veit & Comp. 1845/46 (CD-ROM: Fichte im Kontext. Berlin: Karsten Worm Infosoftware 2002).

— Nachgelassene Werke. 3 Bde., hg. von Immanuel H. Fichte. Bonn: Adolph Marcus 1834/35 (CD-ROM: Fichte im Kontext. Berlin: Karsten Worm Infosoftware 2002).

Geis, Anna (Hg.): Den Krieg überdenken. Kriegsbegriff und Kriegstheorien in der Kontroverse. Baden-Baden: Nomos 2006.

Gilpin, Robert: War & Change in World Politics. Cambridge: Cambridge University 1981.

Glucksmann, André: Le Discours de la Guerre. Paris: Grasset 1967.

— Krieg um den Frieden. Berlin: Ullstein 1998.

Grotius, Hugo: Über das Recht des Krieges und des Friedens. 2 Bde., hg. von J. H. Kirchmann. Boston: Elibron 2003 (1869).

Gruber, Stefan: Die Lehre vom gerechten Krieg. Marburg: Tectum 2008.

Guss, Kurt: Krieg als Gestalt. Psychologie und Pädagogik bei Carl von Clausewitz. München: Verlag für Wehrwissenschaften 1990.

Gustenau, Gustav (Hg.): Humanitäre militärische Intervention zwischen Legalität und Legitimität. Baden-Baden: Nomos 2000.

Hahlweg, Werner: Carl von Clausewitz. Soldat – Politiker – Denker. Göttingen u. a.: Musterschmidt 1969.

Haldi, Stacy B.: Why Wars Widen. A Theory of Predation and Balancing. London–Portland: Frank Cass 2003.

Hammes, Thomas X.: The Sling and the Stone. On War in the 21st Century. St. Paul: Zenith 2004.

Heidegger, Martin: Einführung in die Metaphysik. Tübingen: Niemeyer 1987 (1953).

Heraklit von Ephesos: Fragmente. Griechisch und Deutsch, hg. von Bruno Snell. Zürich: Artemis & Winkler 2007.

Herberg-Rothe, Andreas: Der Krieg. Geschichte und Gegenwart. Frankfurt/M.–New York: Campus 2003.

Hirsch, Wilfried / Janssen, Dieter (Hg.): Menschenrechte militärisch schützen. Ein Plädoyer für humanitäre Interventionen. München: Beck 2006.

Hoffmann, Stanley: The Ethics and Politics of Humanitarian Intervention. Indiana: Notre Dame University 1996.

Hofmeister, Heimo: Der Wille zum Krieg und die Ohnmacht der Politik. Göttingen: Vandenhoeck & Ruprecht 2001.

Howard, Michael: Die Erfindung des Friedens. Über den Krieg und die Ordnung der Welt. München: dtv 2005.

Huber, Wolfgang / Reuter, Hans-Richard (Hg.): Friedensethik. Stuttgart u. a.: Kohlhammer 1990.

Huntington, Samuel: Kampf der Kulturen. Die Neugestaltung der Weltpolitik im 21. Jahrhundert. Wien–München: Europa 1996.

Husemann, Dirk: Als der Mensch den Krieg erfand. Ostfildern: Thorbecke 2005.

Ignatieff, Michael: Die Zivilisierung des Krieges. Ethnische Konflikte, Menschenrechte, Medien. Hamburg: EVA / Rotbuch 2000.

Joas, Hans: Kriege und Werte. Studien zur Gewaltgeschichte des 20. Jahrhunderts. Weilerswist: Velbrück 2000.

Justenhoven, Heinz G.: Francicso de Vitoria zu Krieg und Frieden. Stuttgart: Kohlhammer 1994.

— / Stüben, Joachim (Hg.): Kann Krieg erlaubt sein? Stuttgart: Kohlhammer 2006.

Jünemann, Alexander: Modell des Großraums bei Carl Schmitt. Glienicke: Galda + Wilch 2008.

Jünger, Ernst: In Stahlgewittern. Stuttgart: Klett-Cotta 1978 (1920).

— Der Kampf als inneres Erlebnis. Stuttgart: Klett-Cotta 1980 (1922).

Kaldor, Mary: Alte und neue Kriege. Organisierte Gewalt im Zeitalter der Globalisierung. Frankfurt/M.: Suhrkamp 2007.

Kant, Immanuel: Gesammelte Schriften. 23 Bde., hg. von Wilhelm Dilthey. Berlin: Reimer 1911 (CD-ROM: Kant im Kontext II. Berlin: Karsten Worm Infosoftware 2003).

Kater, Thomas: Der Frieden ist keine leere Idee. Essen: Klartext 2006.

Keegan, John: Die Kultur des Krieges. Reinbek bei Hamburg: Rowohlt 1995.

Kleemaier, Ulrike: Grundfragen einer philosophischen Theorie des Krieges. Platon – Hobbes – Clausewitz. Berlin: Akademie 2002.

Kohlhoff, Jörg: Vom Krieg gegen Terrorismus – Im Spiegel der Lehre des Generals Carl von Clausewitz. Neckenmarkt: edition nove 2007.

Kondylis, Panajotis: Theorie des Krieges: Clausewitz – Marx – Engels – Lenin. Stuttgart: Klett-Cotta 1988.

Kreis, Georg (Hg.): Der „gerechte Krieg". Zur Geschichte einer aktuellen Denkfigur. Basel: Schwabe 2006.

Krippendorff, Ekkehart: Staat und Krieg. Die historische Logik politischer Unvernunft. Frankfurt/M.: Suhrkamp 1985.

Kulla, Ralf: Politische Macht und politische Gewalt. Hamburg: Dr. Kovac 2005.

Kunisch, Johannes / Münkler, Herfried (Hg.): Die Wiedergeburt des Krieges aus dem Geist der Revolution. Berlin: Duncker & Humblot 1999.

La Maisonneuve, Eric de: Le Métier de Soldat. Paris: Economica 2002.

Lissmann, Konrad Paul: Der Vater aller Dinge. Nachdenken über den Krieg. Wien: Zsolnay 2001.

Lütsch, Kai: Jeder Krieg ist anders. Jeder Krieg ist gleich. Eine Analyse des Kriegsbegriffs bei Carl von Clausewitz. Potsdam: Militärgeschichtliches Forschungsamt 2009.

Machiavelli, Niccolò: The Art of War. New York: Da Capo 1965 (1521).

Maeder, Christoph, u. a. (Hg.): Krieg – Guerre. Zürich: Seismo 2009.

Matuszek, Krysztof C.: Der Krieg als autopoietisches System. Wiesbaden: Deutscher Universitätsverlag 2007.

Meißner, Burkhard, u. a. (Hg.): Krieg – Gesellschaft – Institutionen. Berlin: Akademie 2005.

Menzel, Ulrich: Zwischen Idealismus und Realismus. Die Lehre von den Internationalen Beziehungen. Frankfurt/M.: Suhrkamp 2001.

Möller, Hans G. / Wohlfart, Günter (Hg.): Philosophieren über den Krieg. War in Eastern and Western Philosophies. Berlin: Parerga 2008.

Müller, Friedhelm (Hg.): Vegetius – Abriss des Militärwesens. Stuttgart: Franz Steiner 1997.

Multitude e. V. / Unfriendly Takeover (Hg.): Wörterbuch des Krieges / Dictionary of War. Berlin: Merve 2008.

Münkler, Herfried: Gewalt und Ordnung. Das Bild des Krieges im politischen Denken. Frankfurt/M.: Fischer 1992.

— Die neuen Kriege. Reinbek bei Hamburg: Rowohlt 2002.

— Über den Krieg. Stationen der Kriegsgeschichte im Spiegel ihrer theoretischen Reflexion. Weilerswist: Velbrück 2002.

— Der Wandel des Krieges. Von der Symmetrie zur Asymmetrie. Weilerswist: Velbrück 2006.

Nardin, Terry (Hg.): The Ethics of War and Peace. Religious and Secular Perspectives. New Jersey: Princeton University 1998.

Natorp, Paul: Kant über Krieg und Frieden. Leipzig: Superbia 2008.

Neckel, Sighard / Schwab-Trapp, Michael (Hg.): Ordnungen der Gewalt. Beiträge zu einer politischen Soziologie der Gewalt und des Krieges. Opladen: Leske + Budrich 1999.

Neitzel, Sönke / Hohrath, Daniel (Hg.): Kriegsgreuel. Die Entgrenzung der Gewalt in kriegerischen Konflikten vom Mittelalter bis ins 20. Jahrhundert. Paderborn u. a.: Schöningh 2008.

Nietzsche, Friedrich: Werke. 3 Bde., hg. von Karl Schlechta. München: Hanser 1982.

Paret, Peter: Understanding War. Essays on Clausewitz and the History of Military Power. New Jersey: Princeton University 1992.

— Clausewitz und der Staat. Bonn: Dümmler 1993.

Philipps, Robert L. / Cady, Duane L.: Humanitarian Intervention. Just War versus Pacifism. Maryland: Rowman & Littlefield 1996.

Philonenko, Alexis: Essais sur la philosophie de la guerre. Paris: Vrin 1988.

Platon: Politeia (= Sämtliche Werke Bd. 2). Reinbek bei Hamburg: Rowohlt 2004.

— Nomoi (= Sämtliche Werke Bd. 4). Reinbek bei Hamburg: Rowohlt 2006.

Presbey, Gail M. (Hg.): Philosophical Perspectives on the „War on Terrorism". Amsterdam–New York: Rodopi 2007.

Ramonet, Ignacio: Kriege des 21. Jahrhunderts. Die Welt vor neuen Bedrohungen. Zürich: Rotpunkt 2002.

Rauchensteiner, Manfried (Hg.): Clausewitz, Jomini, Erzherzog Carl. Wien: ÖBV 1988.

Reiter, Erich (Hg.): Der Krieg um das Kosovo 1998/99. Mainz: Hase & Koehler 2000.

Revault d'Allonnes, Myriam: Warum führen Menschen Krieg? Frankfurt/M.– New York: Campus 2008.

Riesenberger, Dieter: Den Krieg überwinden. Bremen: Donat 2008.

Roninger, Rainer: Heer und Demokratie. Wien: Österreichische Staatsdrucke-rei 1991.

Rösener, Werner (Hg.): Staat und Krieg. Vom Mittelalter bis zur Moderne. Göttingen: Vandenhoeck & Ruprecht 2000.

Rothfels, Hans: Carl von Clausewitz – Politik und Krieg. Eine ideengeschicht-liche Studie. Berlin: Dümmler 1980 (1920).

Rühle von Lilienstern, Johann Jakob: Apologie des Krieges. Wien: Karolinger 1984 (1813).

Scheler, Max: Die Idee des Friedens und des Pazifismus. Bern: Francke 1974 (1927).

Schelkshorn, Hans / Thaler, Mathias (Hg.): Gerechter Krieg? Wien: Wiener Gesellschaft für interkulturelle Philosophie 2007 (polylog 16).

Schmitt, Carl: Frieden oder Pazifismus? Arbeiten zum Völkerrecht und zur Internationalen Politik. Herausgegeben, mit einem Vorwort und mit Anmerkungen versehen von Günter Maschke. Berlin: Duncker & Humblot 2005 (1924–1978).

— Der Begriff des Politischen. Berlin: Dunker & Humblot 1963 (1932).

— Das politische Problem der Friedenssicherung. Wien–Leipzig: Karolinger 2003 (1934).

— Die Wendung zum diskriminierenden Kriegsbegriff. Berlin: Dunker & Humblot 2007 (1938).

— Völkerrechtliche Großraumordnung mit Interventionsverbot für raum-fremde Mächte. Ein Beitrag zum Reichsbegriff im Völkerrecht. Berlin: Duncker & Humblot 1991 (1941).

— Land und Meer. Eine weltgeschichtliche Betrachtung. Stuttgart: Klett-Cotta 1954 (1944).

— Der Nomos der Erde im Völkerrecht des Jus Publicum Europaeum. Berlin: Duncker & Humblot 1997 (1950).

— Theorie des Partisanen. Zwischenbemerkung zum Begriff des Politischen. Berlin: Duncker & Humblot 2006 (1963).

Schröfl, Josef, u. a. (Hg.): Aspekte der Asymmetrie. Reflexionen über ein gesell-schafts- und sicherheitspolitisches Phänomen. Baden-Baden: Nomos 2006.

Sen, Amartya: Die Identitätsfalle. Warum es keinen Krieg der Kulturen gibt. München: Beck 2007.

Simmel, Georg: Soziologie. Untersuchung über die Formen der Vergesellschaftung. Berlin: Duncker & Humblot 1983 (1908).

— Der Krieg und die geistige Entscheidung. Frankfurt/M.: Suhrkamp 1999 (1917).

Sloterdijk, Peter: Luftbeben. An den Quellen des Terrors. Frankfurt/M.: Suhrkamp 2002.

Spinoza, Baruch de: Sämtliche Werke. 7 Bde., hg. von Wolfgang Bartuschat. Hamburg: Meiner 2005.

Spreen, Dirk: Krieg und Gesellschaft. Die Konstitutionsfunktion des Krieges für moderne Gesellschaften. Berlin: Duncker & Humblot 2008.

Stephan, Cora: Das Handwerk des Krieges. Berlin: Rowohlt 1998.

Strickmann, Eva: Clausewitz im Zeitalter der neuen Kriege. Glienicke: Galda + Wilch 2008.

Strub, Jean / Grotefeld, Stefan (Hg.): Der gerechte Friede zwischen Pazifismus und gerechtem Krieg. Stuttgart: Kohlhammer 2007.

Stupka, Andreas: Strategie denken. Wien: Arbeitsgemeinschaft Truppendienst / Bundesministerium für Landesverteidigung 2008.

Swetschin, Alexander: Clausewitz. Bonn: Dümmler 1997 (1935).

Teichmann, Jenny: The Philosophy of War & Peace. Exeter: Academic 2006.

Toner, James H.: The Sword and the Cross. Reflections on Command and Conscience. New York u. a.: Praeger 1992.

— The American Military Ethic. A Meditation. New York u. a.: Praeger 1992.

— True Faith and Allegiance. The Burden of Military Ethics. Lexington: University of Kentucky 1995.

— Morals under the Gun. The Cardinal Virtues, Military Ethics, and American Society. Lexington: University of Kentucky 2000.

Tuck, Richard: The Rights of War and Peace. Political Thought and the International Order from Grotius to Kant. Oxford: Oxford University 1999.

Virilio, Paul / Lotringer, Sylvère: Der reine Krieg. Berlin: Merve 1984.

Voigt, Rüdiger (Hg.): Krieg – Instrument der Politik? Bewaffnete Konflikte im Übergang vom 20. zum 21. Jahrhundert. Baden-Baden: Nomos 2002.

Waltz, Kenneth N.: Man, the State, and War. A Theoretical Analysis. New York: Columbia University 2001 (1954).

Walzer, Michael: Gibt es den gerechten Krieg? Stuttgart: Klett-Cotta 1982.

— Erklärte Kriege – Kriegserklärungen. Hamburg: EVA 2003.

Weiers, Michael: Zweitausend Jahre Krieg und Drangsal und Tschinggis Khans Vermächtnis. Wiesbaden: Harrassowitz 2006.

Welzer, Harald: Klimakriege. Wofür im 21. Jahrhundert getötet wird. Frankfurt/M.: Fischer 2008.

Wolkogonow, Dimitrij A.: Ethik für den sowjetischen Offizier. Berlin: Militärverlag der DDR 1975.

Zangl, Bernhard / Zürn, Michael: Frieden und Krieg. Frankfurt/M.: Suhrkamp 2003.

Zeller, Otmar: Menschenrechte und gerechter Krieg. Neckenmarkt: edition nove 2009.

Internet
(Stand: April 2009)

Clausewitz, Carl von, privat: www.carlvonclausewitz.de
Clausewitz-Gesellschaft, Hamburg: www.clausewitz-gesellschaft.de
Deutsche Stiftung Friedensforschung, Osnabrück:
    www.bundesstiftung-friedensforschung.de
European Union Institute for Security Studies, Paris: www.iss.europa.eu
Fondation pour la Recherche Stratégique, Paris: www.frstrategie.org
Gneisenau, August Neidhardt von, privat: www.gneisenau.de
Gneisenau-Gesellschaft der Offiziersschule der Luftwaffe, Fürstenfeldbruck:
    www.gneisenau-gesellschaft.de
Hessische Stiftung Friedens- und Konfliktforschung, Frankfurt/M.:
    www.hsfk.de
Institut für Friedensforschung und Sicherheitspolitik, Hamburg: www.ifsh.de
Институт политического и военного анализа (ИПВА) [Institut für
    Politische und Militärische Analyse (IPMA)], Moskau: www.ipma.ru
Institut für Religion und Frieden, Wien: www.irf.ac.at
Institut für Theologie und Frieden, Hamburg: www.ithf.de
International Institute for Strategic Studies, London: www.iiss.org
International Society for Military Ethics (ISME), Colorado:
    www.usafa.edu/isme
Internationales Clausewitz-Zentrum, Führungsakademie der Bundeswehr,
    Hamburg: www.fueakbw.de/index.php?ShowParent=314
Journal of Military Ethics, London:
    www.tandf.co.uk/journals/titles/15027570.asp/
Landesverteidigungsakademie, Wien: www.bundesheer.at/lvak
Military Thought, Minneapolis (Übersetzung von Военная мысль):
    www.eastview.com/evpj/evjournals_new.asp?editionid=555#
National Defense University, Washington: www.ndu.edu
Österreichische Militärische Zeitschrift, Wien: www.bundesheer.at/omz
Österreichisches Bundesheer, Truppendienstdatenbank, Wien:
    www.bundesheer.at/truppendienst
Österreichisches Bundesheer, Wissenschaftsdatenbank, Wien:
    www.bundesheer.at/wissen-forschung/publikationen
Österreichisches Studienzentrum für Frieden und Konfliktlösung,
    Burg Schlaining: www.aspr.ac.at

Совет по внешней и оборонной политике [Rat für Außen- und Verteidigungspolitik], Moskau: www.svop.ru

Россия в глобальной политике [Russland in der Internationalen Politik], Moskau: www.globalaffairs.ru

Société de Stratégie, Paris: www.societe-de-strategie.asso.fr

Stiftung Wissenschaft und Politik (SWP), Berlin: www.swp-berlin.org

Theresianische Militärakademie, Wiener Neustadt: www.bundesheer.at/milak

Weltpolitik.net (DGAP), Berlin: www.weltpolitik.net

Wissenschaftliches Forum für Internationale Sicherheit, Führungsakademie der Bundeswehr, Hamburg: www.fueakbw.de/index.php?ShowParent=585&show_lang=de

Журнал „Военная мысль" [Zeitschrift „Militärtheorie"], Moskau: www.mil.ru/info/1068/11278/11834/index.shtml

Personenregister